谈谈方法

Discours de la Méthode

[法] **勒内·笛卡尔** 著

丁虹惠 译

北方联合出版传媒(集团)股份有限公司

万卷出版有限责任公司

ⓒ 勒内·笛卡尔 2024

图书在版编目（CIP）数据

谈谈方法 /（法）勒内·笛卡尔著；丁虹惠译.—
沈阳：万卷出版有限责任公司，2024.1
ISBN 978-7-5470-6273-9

Ⅰ.①谈… Ⅱ.①勒… ②丁… Ⅲ.①哲学理论—法
国—近代 Ⅳ.①B565.21

中国国家版本馆CIP数据核字（2023）第099446号

出 品 人：王维良
出版发行：北方联合出版传媒（集团）股份有限公司
　　　　　万卷出版有限责任公司
　　　　　（地址：沈阳市和平区十一纬路29号　邮编：110003）
印 刷 者：辽宁新华印务有限公司
经 销 者：全国新华书店
幅面尺寸：145mm×210mm
字 　 数：75千字
印 　 张：6
出版时间：2024年1月第1版
印刷时间：2024年1月第1次印刷
责任编辑：王　越
责任校对：张　莹
封面设计：仙　境
版式设计：李英辉
ISBN 978-7-5470-6273-9
定 　 价：36.00元
联系电话：024-23284090
传 　 真：024-23284448

说　明

如果觉得这篇谈话一次读完太长，我们可以把它分成六个部分来看。第一部分，是作者对各门学科的不同看法。第二部分，是作者所追寻的方法论的几条主要规则。第三部分，是作者从该方法论中提炼出的几条行为准则。第四部分，是作者证明神和人的灵魂存在的理由，这是他的形而上学的基础。第五部分，是作者研究过的一系列物理问题，特别是对于心脏跳动和其他医学难题的解释，还包括人的灵魂与动物灵魂之间的差别。最后一部分，是作者认为推动自然研究领域进一步发展所需要的东西，以及他写这本书的理由。

目 录
Contents

附 录

第一部分

一些关于科学的思考

良知①，世人共享。每个人都觉得拥有最多、最好的良知，即使是那些对其余一切事物都难以满足的人，也不会再想着讨要更多。在这一点上，倒不是说大家都错了。相反，这足以证明人人都平等地拥有正确判断和辨别真假的能力，也就是所谓的"良知"，抑或是"理性"。因此，人们持不同的观点，并非缘于一些人的理性高于另一些人，只是因为人们思考的路径不一致，考虑的东西不同罢了。光有颗好心还不够，最重要的

----

① 法语原文为 le bon sens，此处翻译为"良知"，指用来判别真假的理性，而非人们通常所理解的分辨善恶的能力。

是用好它。那些最伟大灵魂，能做最大的恶，也会行最美的善。那些始终遵循正道的人，即使走慢一些，也会比那些跑步前行却偏离正道的人走得更远。

就我而言，我就从来没想过我的才智胜于普通人。甚至，我时常会希望自己和某些人一样，思维更敏捷一些、想象更鲜明一些，或是记忆更丰富一些。除此之外，我不知道还有其他什么优点可以使我们的才智趋于完美。良知或是理性，它使人成为人，把人和动物区分开来。我很愿意相信，它在每个人身上都是平等的。在这一点上，我也很愿意遵循哲学家 ① 们一贯的思想。他们普遍认为，同一物种的个体，他们的理性程度因偶

———————————————

① 此处指当时占统治地位的经院派哲学家。

然性或多或少会有不同，但在形式和本质上一定是相同的。

但我还是敢于承认：我觉得我足够幸运，自年轻时就尝试了一些门路，获得了一些思考和准则，并以此形成了一种方法。通过这种方法，我认为我可以按部就班地累积学识，即使才智平庸、生命短暂，也不妨碍我将其累积到我所能实现的最高水平。我会这么说，是因为我已经从中有所收获。尽管在评判自己时，我总是怀疑、批评多于妄自尊大。尽管，以哲学家 ① 的眼光来看，世人所做的一切都是徒劳无用。但我还是对自己在追求真理的过程中获得的进步感到莫大满足，对前途充满信心。如果世人所从事的所有行业中，

---

① 此处的哲学家指的是像笛卡尔这样真正的哲学家，而非上文所指的经院派哲学家。

有一种是非常正确且重要的，我敢相信，那就是我所选择的这条道路。

但是，也有可能是我弄错了，我将一些黄铜玻璃错当成了黄金钻石。我深刻明白，当事情涉及到我们自身时，我们极有可能出错。同样，当朋友们做出有利于我们的评判时，也需要怀疑。但是，我还是很乐意通过这篇谈话，与大家分享我所走过的路，将我的生活像画一样铺陈开来，供大家评判。我可以从中得出大家对我的看法。这将是一种新的学习方法，我会将此添加到我已在使用的方法中去。

因此，我并不是想要通过这本书向大家传授一种如何正确运用理性的方法，而是想告诉大家我是如何运用自己的理性的。那些想要传授给他人训条的人大概都自视优于他人，如果他人稍有不足，就会被其责备。但是，请把这本书当作故事来读，如果您愿意，也可当作是某种奇谈。书中的某些例子，您可以参考；当然，也许还有些例子，您有理由坚持不予效仿。我希望，这本书将对某些人有益，但对大众无害，也希望大家可以认同赞许我的坦率。

自儿时起，我就颇受书籍的熏陶。家人告诉我：读书可以使我们获得清晰可靠且对生活有益的一切知识。我对此深信不疑，因而对学习充满了至高的热情。但是，当我完成了所有的学业，走到了人们习惯称之为"毕业"的那一步的时候，我完全改变了之前的想法。因为我发现自己被如此多的怀疑和谬论所困扰，甚至觉得，除了让我愈发感受到自己的无知，这么多年的学习并没有让我得益。然而，我是在一所欧洲名校受的教育——那里肯定存在着一些智者，如果这个世上真有智者的话。在那里，我和其他同学一样努力求学；由于不满足于学校所教授的内容，我读遍了所有我能找到的书，即使是那些被其他同学认为最稀奇古怪的内容，我也不落下。为此，我也知道别人对我的评价，他们并没有认为我不如其他同学，即使他们中有好几个已经被指定为老师的接班人了。最后，我认为，我们所处的时代人才辈出、百花齐放，不亚于以往任何一个时代。这也让我可以自由地评判他人，并相信世上并不存在任何学说像过去人们希望的那样绝对真实可靠。

但是，我并没有因此而忽视学校让我们做的任何练习。我知道：学校所教授的语言让我们能领会古籍的智慧；寓言里的道理能唤醒心灵；

史书传记里的英勇事迹可以激励人心，提升判断力；阅读经典就像是穿越时空，与著书的圣贤促膝长谈，且这对话浓缩了他们思想的精华；雄辩术有其独特的力量和无法比拟的美；诗歌婉约而动人心弦；数学带来的精妙发明可以极大地满足人们的好奇心，同时促进各种技艺的发展并减轻人们的工作量；道德类著作教导、劝勉人们积极向善；神学书籍指引人们走向天堂；哲学似乎无所不谈，引人景仰；法学、医学和其他科学给治学者带来了荣誉和财富。总之，学习让我明白：所有事物，即使那些最迷信、最虚假的，也需逐一检查判断；了解它们的真面目，可谨防我们上当，也是益处。

　　我觉得自己在学习语言上花的时间已足够多。同时，我还花费精力阅读古籍、史书和寓言。

通过阅读的方式，穿越时空与古人交谈，像极了异地旅行。知晓一些其他民族的风俗习惯是有益的，这让我们能更合理地评判我们的风俗，不会像一些没有见过世面的人那样，认为与我们不同的就是可笑且无理的。然而，如果我们花太多时间用于旅行，我们最终会成为自己家乡的异乡人；如果我们对发生在过去的一切过于好奇，通常会造成我们对当下之事的迷茫无知。此外，寓言会让人浮想联翩，甚至把一些不可能想成了可能。即使是那些力求忠实于原貌的史书，即使它们并没有因为想要增加可读性而改动或夸大史实的价值，它们至少也会抹去一些最细枝末节的部分。为此，后人所看到的并不是史实的原貌；而那些想要以此来标榜规范道德的行为，都有可能成为游侠小说中的荒诞之事，以此构想出的计划也就更无法实现。

我非常重视雄辩术，也很热爱诗歌。但我认为，两者均是灵魂的产物，而非研究得来的成果。那些拥有最强的论证能力，能最好地吸收自身的思想并清晰明了转述给他人的人，即使他们只会讲粗鄙的布列塔尼方言，又或者他们从来没有学过修辞学，他们都可以轻而易举地让别人信服于自己的论点。同样，那些拥有绝妙构思，且知道如何用最华丽的辞藻将其表述出来的人，总能成为最伟大的诗人，即使他们不知何为诗意艺术。

我尤其喜爱数学，因它的确定性以及推理的直观性。但我始终没有参悟出它的真实用途。当我认为数学只是服务于机械技术时，又不禁感到惊讶：要知道它的根基如此之稳固，而人们居然没有以此为基础建立更高的"亭台楼阁"。相反，旧时异教徒所作的关于风化的文章就像是在泥沙之上建起的富丽堂皇的宫殿：他们极力奉行美德，认为它比世上任何东西都可贵，但是他们又不教会人们怎样去认识美德，被他们冠以美名的东西往往只是一种冷漠、一种傲慢、一种绝望，或是嗜杀。

我十分崇敬我们的神学，并和其他人一样想要进入天堂。但是，当我确切地得知无知之人的升天之路并不比最博学的人狭窄，而我们的智力还无法理解那些指引人升天的真理时，我就不敢再用我那贫瘠的推理去论证这些真理了。我想一定得借助一些上天的特殊帮助，并且非得是一位非同寻常的超人，才能研究这些真理，并有所成就了。

关于哲学，我只说一句话。这门学科是多个世纪以来最杰出的人们研究得出的产物，而这门学科却没有任何一刻不处于争议之中。毋庸置疑，我自认没有足够的自信在这一方面会优于他人。我又考虑到：关于同一个主题，往往会有不同的看法——且都获得了博学之士的支持，但事情的真相只有一个，所以我将所有貌似真实的看法均看作是错误的。

至于其他学科，考虑到它们的本源皆来自哲学，我认为在这样不坚固的基础上，人们是不可能建造出什么牢固之物的，它们所承诺的荣誉和利益也不足以吸引我去学习——我没有受生活所迫，需要去学习一门知识用以养家。我不像犬儒派 ① 那样藐视荣誉，也不在意那些打着虚假口号

① 又称"昔尼克主义"。西方古代哲学、伦理学学说的一个流派。主张以追求普遍的善为人生之目的，为此必须抛弃一切物质享受和感官快乐。19 世纪后，"犬儒主义"成为某种特定的人生态度或心理状态，其特点是愤世嫉俗、玩世不恭、厌倦尘世。

所获的荣誉。最后，至于那些骗人的学说，我已经摸清楚了它们的底细，因此不会再轻易上当。炼金术士们的承诺也好，占星术士们的寓言也罢，或是魔法师们的谎言，抑或那些自吹自擂者的诡计与大话通通都骗不了我。

这就是为什么我一到可以摆脱师长束缚的年龄，就完全抛开了对书本的研究；我下定决心除了在自己身上或在世界这本巨书中探索以外，不再研究其他。我要在剩余的青春中四处游历，访问各国的宫廷和军队，与不同脾性、不同地位的人相交，获取不同的经验，在命运赐予我的境遇里考验自己，随时随地思考摆在我面前的事物，并从中吸取教训。因为，我始终认为通过推理切身经历而得出的真理比读书人的推理包含更多的东西。如果判断错误，前者的推理马上就会给自己带来惩罚。而整日关在书房里的读书人，他们的思辨不会产生任何效用。唯一能带来的结果可能就是，因思辨离常识越来越远而变得越来越自负，毕竟他需要花费更多的精力和手段来把这些道理装扮成真理。一直以来，我都强烈地希望自己能学习辨别真伪，用以看清自己的行为，一生都这样坚定地前行着。

的确，在考察其他民族风俗习惯的时候，我没有找到任何确定的东西。这些风俗各式各样，就像以前我所看到的哲学家们所持的不同意见一样。我从中获得的最大收获就是，自从见过一些我们觉得荒诞滑稽的风俗仍被不少伟大的民族接受并认同之后，我便学着不再对那些榜样和习俗坚定不移地信任。慢慢地，我摆脱了很多可能遮蔽我们的天然理智、令我们无法听从理性的错误；

历时多年来研究世界这本巨书，努力从中获取经验；我还决心用同样的方式来研究自己，用尽心力去选择自己应走之路。比起不出家门、不离书本，这样做似乎让我获益更多，成就更大。

第二部分

正确运用理性的主要规则

那年，一场尚未结束的战争 [①] 将我召唤至德国。在皇帝 [②] 的加冕礼结束后，我重返军队。冬天来临，我不得不留在驻地 [③] 。找不到任何人可以闲聊，幸运的是，我也没什么牵挂和扰乱心神的情绪，整日独自待在暖房中，享受着与思想交流的时光。我首先想到的是，将多位大师的作品拼

[①] 此处指1618年至1648年新教徒与旧教徒之间的战争。笛卡尔以"雇佣军"身份，参与过其中的一些战役。
[②] 此处指斐迪南二世于1619年于法兰克福加冕，成为神圣罗马帝国的皇帝。
[③] 此处指1619年11月，笛卡尔所在的巴伐利亚的军队驻扎在多瑙河畔的诺伊堡。

凑而成的著作，大多没有独著那样完美。一般来说，相较于那些由多位设计师七手八脚地参与设计，在原本另作他用的老城墙上修补而成的建筑，仅由一位设计师独立设计完成的建筑总要整齐美观得多。所以同理，相较于一位设计师在一块平地上创建的城镇，那些经过时间的洗礼，由一个个小村落逐渐扩张而成的古城，布局往往较差。由细节着眼，人们或许能发现一些古城建筑的精美之处，但从整体来看，古城中建筑大小不一，街道弯弯曲曲且宽窄不齐。与其说，是人类运用理智创造了这座城市，还不如说是自然的神工。我突然想到，一直以来总有一些官员，他们执着于修缮、维护自己的私人住宅，用以装点所在的市镇。但我们都知道，改造别人的成品很难做到完美。我又想到，那些曾处于半开化状态的民族逐渐开化的过程。早期，他们建立起自己的法律，是为了解决各类犯罪和争端造成的诸多麻烦。他们的文明程度远比不上那些从聚集之初就遵循贤明谨慎的立法者制定法律的民族。我确信，那些信奉由上帝一手制定新规的、真正的信仰之国，是其他民族无法比拟的。再来谈谈关于人的事情。我认为斯巴达这座古希腊城邦曾经的辉煌，不是因为它的每条法律都臻于完美，事实上，当中的一些条款看起来十分奇怪，甚至有悖于公序良俗。它的辉煌缘于这些法规是由同一个人、为着同一个目标制定的。我又想到书本里的学问，那些可能源于人的理性，但没有经过任何认证的学问，它们由众人的思想慢慢拼凑而成。相较于一个有良知的人，在面对眼前事物自然得出的简单推论，这些东拼西凑的学问离真理着实相去甚远。于是，我又想到，我们每个人在成人之前都是孩童。因此，有很长一段时间，我们需要受制于自身的愿望和师长的引导，而两者又经常互相矛盾，无论哪一方都不可能永远给我们最好的建议。而要使我们的判断既纯粹又坚定，就像从一出生起就能完全支配自己的理性，且行为又只受其理性控制一般，这绝无可能。

我们从来没见过，一个人仅仅为了换种建筑风格或是为了把街道弄得更整齐美观，而将整个城市夷为平地的先例。但确实有一些人，会把自己的屋子推倒重建，有时候是不得已而为之，例如房屋有倒塌的风险，又或地基本就不怎么牢固。以此为例，我认为个人不可能从根本上改变、推翻重建一个国家；同样，个人也不可能改造一门学科的主体，又或者改变这门学科在学校教学中的秩序；但是，对于那些我已接受和信奉的观点，我也无法更好地去完善它，只能一次性将其拔除，以便后续换上更好的抑或是经过理性校正后的观点。我深信，比起接受在老旧的基础上建立起来的想法，又或是比起在青年时代学到的、但从未验证过真伪的想法，这种推倒重来的方式，可以更成功地引导我的人生。因为，虽然我知道走这条路必定会遭遇各种困难，但这些困难并不是无法解决的，它们与那些涉及公众利益的改革不一样。这些庞杂的社会体制，如果被推翻，就很难振兴，即使只是稍稍动摇了一下也很难再扶稳；这些体制一旦倾颓，后果难以想象。至于体制内的不完善之处，这必然是存在的，仅凭内部分歧就能推断出不完善之处不可胜数。习俗或许已经极大地缓和了这些不完美，甚至已经在不经意间避免或改善了许多，而我们光凭着思虑是做不到如此之好的。最后我们还会发现，沿用这些逐步改善而来的旧制度，比起直接更换新制度，总是更易让人接受。这就像是山间蜿蜒曲折的老路，因为走的人多了，自然更平坦易行；最好还是走这些路吧，它比起径直向前、翻山越岭、跨越深渊更容易。

因此，我完全不赞同那些做事毫无章法又浮躁的人进入官场，他们并非出身高门，也非家财万贯，却总想着要改革；要是这本书里有任何一处让人觉得我有如此愚蠢的想法，我将会非常懊悔出版这本书。我只是打算尽力改善自己的思想，希望能在完全属于自己的根基上进行创造。我对这部作品感到很满意，但我只是在此给大家提供一个样品，并非因此就建议大家都来模仿。那些受到上帝更多恩赐的人可能有更为高尚的打算，而我只担心我的打算对于很多人来说已经过于大胆。下定决心摆脱之前所接受的种种观点，这并非人人都需要模仿的榜样。一般来说，这个世界存在两类人，他们都不是很适合用我的这种方法：第一类是那些自诩灵巧、实际又无甚伶俐的人，他们总是不能克制自己就匆匆下决断，也没有足够的耐心整理思路。因此，当他们可以自由地怀疑过去所接受的原则，并脱离大家所遵循的共同路径时，他们就会找不到自己该走的路，一辈子都处于迷茫之中；另一类人，他们拥有足够的理智，谦逊地认为自己分辨是非的能力不如他人，且可以向这些人学习。这类人往往满足于听从他人的想法，而自己却不再追寻更好的答案。

至于我，如果我一直都只跟着一位老师学习，或不知道自古以来学者们的想法从来就不尽相同，那我应该会属于第二类人。但是，我从学生时期就已经知道，我们能想到的看法，无论多么稀奇古怪或难以置信，都可能已经被哲学家说过了。在外出游历时，我也体会到，那些与我们的情感体验完全相悖的人，并不会因此就显得野蛮粗野。相反，他们中的很多人，运用理智的能力丝毫不亚于我们，甚至更胜一筹。我还发现，同一个人，同一个心智，让他从小就和法国人或是德国人一起生活生活，肯定与东方人或野蛮民族一起生活不一样。又比如，那些衣服的款式，十年前流行的式样可能十年后又会流行，但现下却让人觉得古怪可笑。由此可见，说服我们的是习俗和实例，而不是切实的知识；对于那些不易被发现的真理，不同人的不同观点之并存并不能证明这一真理就毫无价值，因为往往个人比起整个民族，更容易接近这些真理。我也始终找不到一个观点优于他人的人，所以，我不得不自己来指导自己。

然而，我就像是一个在黑暗之中踽踽独行的人，下定决心慢慢地往前走，谨慎地对待遇到的每一样东西。虽然没能前进多少，但至少不会轻易摔倒。我不会在创作之初就完全摒弃那些未经过我的理性判断，就潜入脑海之中的观点。在创作之前，我会花费足够的时间来拟订计划，寻找正确的方法来深刻认识我能够了解到的所有信息。

　　早年间，我学过哲学中的逻辑学、数学中的代数和几何。这三门学科似乎能对我的计划有所帮助。然而，深入研究后，我发现：逻辑学中的三段论和其他大部分法则都只适用于向他人解释已知的事物。甚至像卢尔①所说的"艺术"，也只是不加判断地向他人解释未知事物，而不是去

①雷蒙·卢尔（1232—1315），加泰罗尼亚人，是一位杰出的作家、哲学家和科学家。

学习这些未知之处。即使其中包含许多正确且出色的法则，但仍有很多有害或多余的东西。要将其区分出来，难度不亚于从一块未经雕琢的大理石里提取一座黛安娜女神像或密涅瓦女神像。至于古代人的分析法和当代人的代数学，它们都只研究那些极其抽象、又似乎没多大用处的内容。前者局限于考察各种图形，训练人的理解力的同时，把人的想象力也弄得疲惫不堪。而后者屈服于各种规则和数字，以此为基础建立起了一门混乱不堪、晦涩难懂的学科，根本不是什么培养人心智的科学。这就是为什么我想要寻找一种方法，既包含上述三门学科的优点，又可以避免它们的缺点。就像一个国家，制定的法律多如牛毛，却每每沦为各种恶习的借口；如果一个国家立法不多，但执行有力，反而更便于管理。因此，我不需要一整套由众多规则构成的逻辑，我只要坚定信心、持久不移地遵守以下四条规则，一次都不违背就已足够。

第一，凡是没有明确认识到的东西，我绝对不把它当成是真的。也就是说，要避免轻率的判断和先入为主的偏见，只相信清晰明确地呈现在脑海里的、毋庸置疑的判断。

第二，将要研究的难题，尽可能地分成小块，以便更好地解决。

第三，按序整理思想，从最简单易懂的开始，逐步上升到最复杂的对象。对于那些本身没有先后关系的对象，也尝试给它们制定一个顺序。

第四，时刻注意考察数据的完整性，并进行总体复查，以确保没有任何疏漏。

在几何学中，人们总是用一长串简单的推理

来完成其中最复杂的证明。这让我联想到，人类所得的所有知识，也可以用这种方式串联。只要我们不把假的认成真的，且始终遵循应有的推理顺序，就绝不会有什么东西遥远到我们无法触及，又或是隐蔽到发现不了。从何处开始，这并不难决定。因为我知道，需要从最简单易懂的东西开始。鉴于在之前所有志在探寻真理的学科中，只有数学家们得到了一些结论，也就是一些确定的、显而易见的推理，因此，我毫不犹豫地选择从他们所研究的对象开始。尽管我并不寄希望于能通过我的研究获取更多益处，只希望它们可以使我的心灵养成追寻真理、摈弃谬论的习惯，但是，我并不因此计划去努力学习通常被人们称之为"数学"这门学科下的所有科目。我看得出，这些科目研究的对象各不相同，且互相之间并不十分协调；在这些科目里，人们执着于研究彼此之间的关系和比例。我觉得，我还是从整体上来研究它们的比例就好，并不把它们假定到某种对象上去，除非这样做能使我更容易去了解它们，更不会对它们做任何限制，以便将它们恰到好处地应用于其他一切事物。我又注意到，为了更好地认识它们，我有时必须将它们拆分开来研究，有时只需将它们记住，有时又需将其中几个放在一处研究。我认为，为了更好地研究它们，我可以将其看成是线性的。因为我想不出有其他方法比这种方法更简便，或是能更好地将它们如此直观地展示在我的感官和想象面前。但是，为了将其记住，又或是为了将其中几个放在一起理解，我不得不将它们拆分成尽可能小的数据来进行解释。通过这种方法，我可以在使用代数和几何之精华的同时，纠正它们的缺点。

事实上，我可以大胆地说，由于我严格遵守我所选择的、为数不多的那几条准则，我已经轻而易举地理顺这两门学科所涉及的所有问题。在持续两三个月的研究中，我从最简单、最普遍的问题着手；我发现的每一个真理都像是一条可以在将来指引我寻找到更多真理的准则。我不仅解决了很多过去我认为很艰深的问题，而且似乎还有把握能走到底，甚至还能解决一些未知的问题，并且，能够断定使用什么方法解决，以及能解决到什么程度。在这一方面，对于大家来说，或许我的工作不会显得那么徒劳。你们都知道，这世上的每一件东西只存在一个真理，谁发现了这个真理，谁就在这一点上知道了我们所能够知道的一切。例如，一个学过加法运算的孩子，按照他所学的规则做出了一道加法题。他所获得的这个"和"，就是他所知的人类灵魂所能获得的一切。因为，归根到底，这种方法指导人们遵循研究对象的秩序，且将人们在研究过程中可能遇到的情况一一列举出来，其中就包含了使算数的运算规则具有确定性的全部条件。

但是，这种方法最令我满意的地方在于，我可以通过它充分运用我的理智，虽不能说是尽善尽美，但至少可以说是最大限度地发挥了我的能力。除此以外，我还感受到，我的思想通过运用这种方法慢慢地习惯于更清晰分明地看待我的研究对象。同时，我并没有把这套方法局限于某个具体对象，而是打算将其用于解决其他学科的难题，就像当初用它来解决代数的难题一样。不过，我不会因此敢在一开始就去研究摆在面前的所有学问，因为这本身也是与这套方法所规定的秩序相悖的行为。考虑到一切学问的根本多源于哲学，加之，我还未在哲学中找到任何确定的东西，所以我认为，当务之急是努力建立这种确定性。这是这个世上最重要的事情，不允许有任何的急躁和先入为主的观念。我当时只有23岁，思想还不够成熟，因此不能开展和完成这项工作。在此之前，我需要花费很多时间来做一些准备工作，一方面，将我之前吸收的错误想法从脑海中彻底剔除；另一方面，积累诸多经验，作为之后我的推论素材。在此期间，为了加强和稳固我设定的这套方法，我还要持续不断地加以练习。

第三部分

从该方法论中提炼出的
几条行为准则

众所周知，在翻新自己的寓所之前，只是将其推倒、准备新建用的材料、请人或是自己仔细设计图纸，是远远不够的。我们还得为自己准备另外一套住所，让自己能在施工期间舒舒服服地居住。因此，受理智驱使，当我在判断上犹豫不决，又不希望自己在行动上优柔寡断时，也为了今后可以过上最幸福快乐的生活，我临时给自己定了一套行为规范。我愿意将这套规范中的三到四条准则与大家分享。

第一条，遵守国家的法律和习俗，坚守自己的宗教信仰。从儿时起，我就受上帝的恩惠，接受良好教育。上帝也指引我，在任何事情上都追随那些最为谦逊、最不极端的观点。这些观点均在行动上被当时最明智之人所接受。自此以后，我不再相信我自己的观点，只想把它们都重新审查一遍。我想，追随那些最为明智之士的想法，一定是最好的选择。尽管波斯人或中国人中，也有很多智者。但是，追随那些和我生活在同一环境下的人，应该会更有裨益。为了知道这些智者真实的想法，我必须要更加关注他们的行动，而非言语。世风日下，很少有人会把他们内心真实的想法说出来，更有甚者都不知道自己的真实想法。相信一件事与认为自己相信这件事，两者的心理活动截然不同，甚至毫无关系。在众多被大众接受的观点中，我只选择最为谦逊的那些——一则，这些观点总是最实用的，往往也是最好的，而所有的极端观点一般都存在弊病。二则，就算我误入歧途，选择这条路也不至于离正道太远；而如果我选择一条极端的路，正路往往是另一个极端，结局何其糟糕！而且我还发现，所有限制自由的承诺都是极端的。我并不会因此就不赞同国家的法律。这些法律的目的在于不让软弱之人反悔，以保证正当计划之顺利进行。例如，为保障公平交易的正常进行，法律规定双方必须签订协议。我之所以会赞成法律的强制规定，恰恰是因为我看到这个世界上，没有任何东西是一成不变的。就我自己而言，我希望我的判断能越来越完美，而不是越来越糟糕。如果我发现自己曾经认同的事物有悖于真理，那我一定会阻止这个错误继续发展下去，立刻改变自己的想法。

　　我的第二条准则：在行动上尽可能坚定果断。

对于选定的路，即使心存疑虑，也要坚定不移地走下去。这就像是在森林里迷路的旅人，他们不应该一会儿往这边走，一会儿往那边走，也不应该停留在原地不动。他们应该朝着一个方向勇往直前，不因一些微不足道的理由而轻易改变，纵然最开始，他们选择这一方向纯属偶然。通过这种方法，即使他们没有到达最终的目的地，至少也能到达某个地方，比起滞留在森林，这一结局明显更好！同理，人生也是如此，很多行为容不得半点延迟。世间有一条确定的真理，那就是当我们不能凭自己能力辨认出最准确的观点时，我们就应该选择最具可能性的道路。即使我们并不能发现哪条道路的可能性更高，我们也得做出选择。然后，在之后的行动中，不再迟疑，而是将其视作最正确、最可靠的看法。因为我们选定这条道路或是这种看法的理由本就是如此。自此之后，我便不再轻易后悔或是自责。我不会像那些意志薄弱、容易动摇的人那样反复无常，他们总是轻易改变主意，当下认为对的事情不久之后可能就认为它是错误的。

我的第三条准则：始终努力去战胜自己，而非命运；始终努力去改变自己的想法，而非这个世界的秩序。总之，我相信，除了自己的想法，这个世上没有其他东西是掌握在我们自己手里的。所以，如果我们对除自身以外的东西拼尽全力仍不能成功，那就证明它们是对我们来说本就是绝对办不到的事情。明白了这一点就足以使我不再对未来无法实现之事心存妄想，同时，也让我感到满足。因为我们的意志让我们想要得到的东西，本就是我们的理智认为可以办到的事情。可以肯定的是，如果我们把那些身外之物看作是力所不能及的，那么我们就不会对那些靠出身而拥有、又不因自身原因而失去的东西感到遗憾，就像我们不会因为没能当上中国或墨西哥的皇族而懊恼同理。人们常说，生病时就不会妄想身体健康，坐牢时就不会妄想自由，更不会妄想我们的身体能像钻石一样坚硬不朽，或是能像鸟儿一样展翅高飞。但我也承认，必须要经过冗长的训练和反复的思考，才能习惯于从这个角度去看待所有事物。我相信，这就是为什么古代的哲学家们能够摆脱命运的控制，即使身陷痛苦和贫穷，也能与他们心中的神探讨幸福的原因。因为，通过不断地思考自然给予人的界限，哲学家们确信：除了自己的想法，其他东西都不受自己支配。这便足以使他们不去妄想他物。他们完全支配自己的想法，为此，他们完全有理由认为自己比其他人更富有、更强大、更自由、更幸福。毕竟，很多人不懂这种哲学，即使自然和命运多有眷顾，也不可能事事如意。

最后，作为以上几条准则的总结，我曾想过要对世人所从事的职业做一次检视，以便从中选择最好的。但我又不打算对其他职业做出什么评价，于是，我觉得自己还是坚持目前所从事的职业吧。也就是说，余生我将继续努力修炼我的理智，坚持我所选择的方法，在寻找真理的道路上竭尽所能。自从我开始使用这种方法，我便感受到了极大的满足，我确信自己一定不会在此生获得比这种满足更美妙、更纯洁的快乐了。现在，我每天都可以获得一些非常重要、又常被人忽略的真理。满足感充斥着我的内心，其余的一切都似乎与我无关了。以上三条准则的目的只有一个，就是为了让我继续深入学习。上帝赐予每个人智慧，用以分辨真伪。如果我不运用自己的判断力来检验他人的观点，我想，我是一刻也不会赞同这些看法的。跟随这些未经自己查验的观点，我始终无法做到毫不迟疑，也不希望因此就错失任何找到更为正确观点的机会。最后，我绝不会限制自己的意愿，也不会就此一直满足下去。如果经由我所选择的道路，确实可获得我能力范围内所有的知识，我想，我也可以经由同一种方法，获得我能力范围内所有的好物。更何况，我们的意志是选择追寻还是躲避某样东西，完全决定于我们的理智判断此物是好是坏。有了正确的判断，就会有正确的行动；判断得越正确，行动也因此更正确，也就是说，我们能因此获得一切美德，以及一切我们能够获得的好物。当确信这一点的时候，我们自然就能感到心满意足。

这几条准则给予我足够的保障，它们与我心中最重要的几条关于信仰的真理同等重要，甚至于可以将其他看法统统抛弃了。这个冬日，我把自己关在一间暖房里，得到了上述思考。不过，我觉得走出房门与别人交流或许更好。因此，在冬天还未过去的时候，我便重新踏上了旅途。之后的整整九年，我穿梭于世界各地。世间纷纷扰扰，无数好剧开场，我都会去看一看，只当观众，不做演员。对于每一个问题，我都仔细思索一番，特别是那些存有疑虑、易误导我们之处。我就这样剔除了过去偷溜进我脑海里的所有错误观点。我并非要模仿那些为了怀疑而怀疑的怀疑论者，他们偏爱问题，却始终不能解。相反，我想让自己找到确信的东西，去除浮土和石沙，只留下磐石和黏土。在我看来还算成功的是，我不是通过胡乱推测来审查各类命题，发现它们的错误或不确定之处，而是完全依靠清晰、可靠的推理。我发现，即使命题本身存在许多不确定因素，我也可以从中推断出一些可靠的结论。打个比方，人们拆除老房子时，总是习惯把旧料保留下来，用于新房的建造。同理，在推翻脑海中所有不确定的想法时，我也会不断观察、重塑经验，以便之后建立更为坚实的观点。此外，我还应用这套方法进行自我练习，坚持使用这些规则来进行思考；不时空出时间，运用这套方法来解决一些数学及其他学科上类似的难题，并将这些问题从我认为不是非常可靠的原则中抽离。具体实例，大家会在这本书①里见到。如此，从表面上看，我的生

---

①《谈谈方法》原著还附有《屈光学》《气象学》《几何学》三部作品。

活与他人无异：无所事事，只是快乐地、单纯地过活，学着将愉悦与恶习分离开来；为了免于无聊，正派地消遣寻乐。而事实上，我不断推进着自己的研究计划，增进自己对真理的认识，获益良多，这或许比我埋头苦学、只与读书人交往能有更多的收获。

九年时间匆匆而过，我尚未对学者们争论不休的难题做出判断，也没开始寻求比当下盛行的学说更为可靠的哲学原理。许多博学之人也曾有过类似的计划，但似乎都没有成功。其中的艰辛可想而知！要不是有人传出风声，说我已经完成了这项工作，我本没有勇气这么早就开始此项计划。我不知道他们这么想的根据是什么。如果是我发表的言论产生了什么影响，那多半应该是因为我比一般做学问之人更坦率地承认自己的无知，也可能是当我怀疑一些他人笃信的东西时，会清楚地阐述自己的理由，而不是吹嘘任何一种学说。然而，为了避免名不副实，我想我应当要不断努力，尽可能对得起大家给予的声誉。八年来，这种想法让我下定决心远离一切熟悉的地方。于是，我隐居于此。连年的战火过后，这个国家①建立了良好的秩序，驻扎于此的部队似乎更多地用于保障人民享受和平的果实。这里人口众多，人们安居乐业；比起他人的事情，人们更在意自己的生活。我住在这儿，就像住在任何大城市一样，尽享生活便利。同时，我又像住在最偏僻的沙漠，酣然隐居生活。

---

① 此处指荷兰。

第四部分

证明上帝和灵魂的存在
——"我思故我在"
的哲学基础

我不知道是否应该跟大家分享我多年沉思后得出的第一批果实，因为它们不乏形而上学，又非通俗易懂，未必所有人都愿意接受。然而，为了让大家客观评判我打下的基础是否坚实，我不得不在这里聊一聊它们。很早以前，我就注意到：关于习俗，有时候我们必须要追随、采纳一些不甚确定的观点，且需将它们看成是毋庸置疑的，这一点我们之前就谈论过。但由于我想要追寻的是真理，所以，我认为我的做法应该要与之相反才行。但凡我能想到一丁儿点可疑之处，我就应该将其视作完全的错误而摈弃，以察看经过这番清理之后，我的脑海中是否留下一些不容置疑的内容。由于我们的感官时常带有欺骗性，于是，我推断：所有事物都不是感官让我们想象的那个样子。加之，有些人的推理常会出现错误，即使演算最简单的几何问题，也有可能出错。既然我和他们一样，就也有出错的可能，那我就把以前用于证明的那些理由全部视为错误而弃之不用。最后，考虑到我们清醒时的所思所想也会潜入我们的睡梦之中，而梦里的一切都是虚幻的。既然如此，我就下决心认定：曾经潜入我脑海中的事物和我梦里的幻影一样，都不是真实的。但是，我很快就意识到：当我认为所有的一切都是虚假的时候，做出如此思考的我必须是某个东西。我又注意到：我思故我在，这条真理确定无疑，怀疑论者的任何一个假设，哪怕再荒谬的假设，都不能撼动其分毫。因此，我毫不犹豫地将这条真理视作我所追寻的哲学的第一原理。

接着，我又仔细地研究我是什么。我发现，我可以假装自己没有形体，世界并不存在，而我也没有立身之处，但我却不能因此而假装自己不存在。恰恰相反，我怀疑其他事物的真实性这一点可以十分明确地推断出我的存在。如果我停止思考，即使我之前所想全部是真实的，我也没有理由因此相信自己的存在。由此，我意识到，我是一种实体，其本质或天性是思想，它的存在不依附任何地点，也不借助任何有形之物。因此，这个"我"，也就是我的灵魂，这个让我成为我的事物，与我的形体是分开的，甚至灵魂比形体更容易辨别，因为即使形体不在，灵魂依旧是它自己。

后来，我开始思考证明一个命题之真实可靠

需要哪些条件。例如，我刚发现了一条真理，我想，我有必要知道构成其确定性的要素有哪些。我注意到"我思故我在"这句话肯定了我的结论。因为通过这句话，我清楚地意识到：思考的前提条件是存在。我认为，可以将以下这句话视为一条普遍规则，即凡是我们能十分清晰明确地认识到的事物都是真实的。但是，此处的难点在于如何才能确认这些事物是被我们明确认识了的。

　　然后，我继续思考我所怀疑的事物。这让我发现自我并非那么完美，因为我清晰地看到，与怀疑相比，认识事物才是一种更大的完美。我想要弄清楚：认为某个事物比自己更完美这一想法从何而来。我觉得，这显然应来自于某种更完美的天性。至于我对其他事物的看法，例如天、地、光、热等，我毫不费力就能知道它们的来源。因为，我在它们身上看不到比自己更高明的东西。

为此，我可以认为：如果它们都是真实的，那一定是借助于我的天性，毕竟我的天性中包含着几分完美；如果它们不是真实存在，是我凭空捏造的，那就说明我存在着某些缺陷，故而认定它们的存在。但是，如果这世上真的有比我更完美的存在，那上述观点自然就不一样了。要知道，凭空捏造出它们显然是不可能的。如果有人说，完美的存在产生并依附于不完美的存在，就像无中生有，是绝对不会被大家所接受的，而我也无法凭空捏造出这个观点。那么，我只能说这种观点是由一种比我更完美的自然力量放入我脑海中的。这种自然力量本身就具有我能想到的一切完美属性，简而言之，就是上帝。我要补充一点：既然我知道自己的不完美，我就不会是唯一的存在。（请原谅，我在此处用上了一些经院派的措辞。）因此，这个世上肯定有一个更加完美的存在，可以让我依靠，让我源源不断从中汲取所需。因为，如果我是唯一且不依附于任何东西的存在，那么我定是凭借自己的力量成了这一完美世界中的一小部分。同理，我也可以凭借自身之力获得我所缺少的那部分完美属性，继而成为无限永恒、全知全能的存在，最终拥有我在上帝身上看到的一切完满。因为按照上述推理，了解上帝的本性就像了解我所有的本性一样，都是可能的，我只需判断自己身上所能寻得的一切是否完美就可以了。可以肯定的是，所有包含缺憾的事物都不会出现在上帝身上，上帝只拥有完美。怀疑、善变、忧愁，诸如此类，上帝都不会拥有，因为连我自己也很急于摆脱它们。除此之外，对于那些可以感知的、有形体的东西，我也进行了一些思考——
尽管我之前假设梦中的所见、所想都是虚无的，
但我不得不承认这些想法都确实存在于我的脑海
中。因为就像在我身上，我可以清楚地看到理智
这一本性与躯体就是完全分开的。考虑到任何组
合都意味着依赖，而依赖显然是一种缺点。由此，
我断定上帝的完美一定不会是理智和躯体的合二
为一，上帝也绝非如此。如果世上确实存在一些
形体、一些不甚完美的理智和其他天性，那么它
们的存在定是依赖于上帝的力量。没有上帝，它
们片刻也无法存续。

　　此外，我还想继续寻求其他真理。我拿几何
学中的对象来进行研究，把它看作一个连续体，
一个在长、宽、高上均能无限延伸的空间，可以
分成不同的部分，这些部分大小、形状不一，且

可以通过各种方式移动或转变，因为几何学家们就是如此设定其研究对象的。我浏览了其中最简单的几个证明，并注意到这些证明已被大众普遍接受，只因人们按照方才我说的规则明确地理解了它们。我还注意到在这几个证明里，没有任何一个可以让我确信它们研究的对象是确实存在的。因为，例如我假设有一个三角形，那么它的三个内角之和必定等于两个直角之和，但我并不能因此就确定这个世上就存在三角形。再回到我刚刚谈论的关于完美存在的问题，我发现完美的存在清晰地包含于它的定义之中，就像三角形的定义包含了其三个内角之和等于两个直角之和，又如球体的定义包含了球面任何一点都与球心等距。由此可见，上帝作为一个完美的存在，是非常确定的，比几何学上任何一个证明都要确定。

尽管如此，还是有很多人认为上述观点很难理解，他们甚至很难认识自己的灵魂。这是因为他们只思考可以感觉到的东西，且习惯于想象而非真正去思考问题。要知道，想象仅适用于思考物质世界。所以，凡是无法想象出来的事物，他们都无法理解。经院派哲学家信奉的一条准则也同样彰显出上述观点。他们认为，理智中的东西没有一样是不先出现在感官中的。然而，上帝和人的灵魂就不曾在人的感官中出现过。在我看来，那些想要通过想象来理解上帝和灵魂的人，无异于想要使用眼睛来听声音或是闻气味。当然，两者还存在一处不同：视觉和听觉或嗅觉一样，可以让我们确信所感知的对象是真实的；然而，如果智力不参与其中，我们的想象和感官都无法向我们确认任何东西。

最后，如果还有人没有被我刚刚的推理说服，还不相信上帝和人的灵魂的存在，那么我希望他们能知道：他们深信不疑的其他事物，例如，人拥有一副躯体，或是世上存在星辰和地球，诸如此类的现象也并没有那么可靠。因为尽管我们确信此类事情——毕竟，若是怀疑它们，就会显得怪异或不理性，但在面对形而上学的确定性时，情况就会出现不同，也就是说我们并不拥有足够的理由去完全相信那些曾深信不疑的事物。我们注意到，当我们睡觉的时候，同样可以想象自己拥有另一副躯体，看到其他的星星或是另一个地球，然而这些事实上并不存在。梦中的思维总是生动鲜活的，不亚于人清醒时的思维，那我们从何而知前者就是虚假的呢？饱学之士就这个问题展开研究，但是如果预设了上帝的存在，那我就不认为他们可以拿出足够有力的理由来消除这一疑虑。因为，首先，在上文中我提到：凡是我们可以清晰明了地理解的事物都是真实的，我将这条内容看作一条规则。这条规则之所以确实可靠，也只是由于上帝的存在，并且是一种完美的存在，我们身上的一切都源自于它。因此，我们的想法或是观念，作为一种真实的事物，均是从上帝那儿得来的，是清晰明了的，也只能是真实的；相反，如果我们常常抱有错误的想法，那也只是因为这些想法里包含了一些模糊与晦涩，同时因为这些想法是虚无的，换句话说，我们的想法之所以会模糊是因为我们并不完美。显然，很多人不赞同"错误或是不完美来自于上帝"的说法，就像他们不赞同"完美来自于虚无"一样。但是，如果我们不知道自己脑海中所有真实的看法都来自于一个完美又无限的存在，那么即使我们的观点清晰分明，我们也没有任何理由确信这些观点是真实且完美的。

我们在认识到上帝和灵魂的存在，并由此确认那条规则之后，很容易就能明白我们在睡着时做的那些梦绝不能使我们怀疑在清醒时真实的所思所想。因为，即使是在入睡后，我们有时也能拥有非常清晰的观点，例如，有几何学家在睡梦中发现了新的证明，可见，睡梦并不会阻止观点成真。我们在梦中最常犯的错误，在于梦境仅以我们的外在感官的方式向我们呈现万事万物，隐藏其间的真相。这也不要紧，毕竟万事万物在我们醒着时还经常欺骗我们。这就像得了黄疸病的人看什么都是黄颜色的，又像遥远的星星或是其他天体在我们眼里总是比它们真实的体积小得多。总之，无论我们是醒着还是睡着，我们都只能信任自己的理智。请注意，我说的是理智，不是想象，也不是感官。例如，我们十分清晰地看到太阳，但不能因此就判断说太阳和我们所见到的那般大小。又如，我们可以十分明确地去想象把狮子的脑袋安在山羊的身上，但也不能因此就得出结论说，世上真存在这种狮头羊身的怪物。因为理智并没有向我们授意说，我们这样见到或想象出的事物就是真实的；理智只是明确指出：我们所有的想法和观念都应当拥有一些真实的基础。因为完美且真实的上帝是不会把不真实的想法放入我们脑海中的。尽管我们梦中的想象与醒着时一样生动鲜活，甚至更胜一筹，但梦里的推理远没有清醒时的那般清晰完整。所以，理智又指示我们：我们的想法不可能都是真的，因为我

们并不完美；真实的想法必须要在我们清醒时去
寻找，而不是在睡梦中。

第五部分

一系列物理问题

我很乐意能在这里跟大家分享自己从前面的基本原理中推演的其他真理。但为此我就需讨论一些仍受学界争议的问题，又不想陷入这些论战。因此，我觉得最好还是只大体谈论如下问题，以便让更有智慧的人来判断是否有必要将细节告知大众。我一直坚信，除了之前用来证明上帝和灵魂存在的那条基本原则，我不再设定其他原则；如果某个看法在我看来并不像几何论证一般清楚可靠，我也不会将这一看法当真。但我敢说，我不仅在短时间内找到了令自己满意的、理清哲学上所有争论不休之难题的方法，还注意到了一些上帝深深烙印在自然界里，同时将其概念投入人们脑海中的法则。充分思考之后，我们就会毫不怀疑地相信，世界上的万事万物都在严格遵守着这些法则。接着，在考察这些法则时，我似乎发现了许多比我以前学过或曾经想学的更有用、更重要的真理。

我曾在一部专著①中试图解释这些原则，但出于一些考虑，这本书并没有出版。为了让大家更好地了解，我只好在此做个简单的概述。这本书谈论物体的本质，在动笔之前，我曾打算将我知道的东西统统写入进去。但这就像画家作画，他不可能在一张平面画纸上将一个立体图形的各

①此处指《论世界，或论光》（*Traité du monde et de la lumière*）一书。该书是笛卡尔早期的作品，由于受 1633 年伽利略被罗马教会逮捕事件的影响，作者生前并未将其出版，直到 1664 年才编辑出版。

个侧面都描绘出来，只好选择一个主要面，将其放置在阳光下，而其他面则置于阴影处。这样一来，人们在观看正面时，也能附带着看到其他侧面。同理，我无法在专著中面面俱到，所以只在谈论光的时候采用大量笔墨，然后，附带着讲了讲太阳和恒星，因为所有的光几乎都源自它们，讲了宇宙，因为它传导光，讲了行星、彗星和地球，因为它们反射光。我特别提到了地球上的各种物体，因为它们或是自带颜色，或是透明的，或是能发光。最后，我还讲到了人类，因为他们是上述一切的见证者。为了将这一切往阴影处移一移，以便更自由地陈述判断，且无须赞同或驳斥学者们的观点，我决定将这个世界留给学者们去争论，我只想谈论一个新的世界。也就是说，此刻，上帝在某个空间，或许是想象的空间，创造了足够多的物质以组成一个新的世界。上帝将这些物质乱七八糟地散乱开来，让它们构成一片混沌，混乱得就像诗人随意捏造的诗句。自此以后，上帝无须再做任何事，除了向自然界提供最普通的协助，任其按照自己所建立的法则发展下去。于是，我首先要描述这种物质，力求使读者明白：除了适才讨论的上帝和灵魂，在我看来，世上再没有其他东西比这种物质更清晰易懂。因为我甚至可明确地假设：这种物质并不具备经院派所争论的"形态"或"性质"，通常，我们的灵魂也能自然而然地认识其中的一切，想要假装不知道也是不可能的。接着，我阐述了自然界的规律。在这一点上，我的理智仅建立在一条准则之上，即上帝的无限完美。我尽力去证明所有被质疑的规律，力图说明无论上帝创造了多个世界，没有任何一个世界不遵守它们。之后我展示了这个混沌世界的物质中，最大的那一部分是如何遵照自然界的规律，以一定的方式排列部署，形成一个类似于我们的宇宙的样子。其中，某些部分构成了地球，某些部分构成了行星、彗星，还有一些构成了太阳和其他恒星。在此，我会延伸到"光"这个主题，细致地阐述必定出现在太阳和恒星上的光为何物，它怎样快速穿越茫茫宇宙，以及怎样从行星和彗星反射至地球。我还会予以补充，说明宇宙和天体的质地、位置、运动及各种性质。我想，我已说得足够多，大家应该可以明白我们这个世界中的宇宙、星球和我描述的那个世界是一样的，至少相似。接着，我要特别谈论一下地球：即使我已经明确说明上帝并没有在组成地球的物质里施加任何重力，构成地球的各个部分是如何被准确地引向地心的；地球表面有空气和水，宇宙、星球，尤其是月亮的分布是怎样引起潮汐，使其各方面都与我们在海洋中观察的情况相似，此外还引起一种洋流和气流，日升和日落，与我们在热带地区观察到的现象也一样；山川、海洋、泉水、河流如何在地球上自然形成，矿物如何在矿山产生，植物如何在原野生长，以及我们称之为"混合物"或是"组成物"的东西又如何在地球产生。由于我发现除星球以外，地球上只有火能产生光，所以力求非常清晰地阐明光的一切属性。它是如何产生，如何维持，何以有时候有光无热，有时候有热无光；它如何在不同的物体上产生不同的颜色及不同属性；它如何让一些事物变软又让另一些变硬；它如何将一切烧毁，使其化为灰烬与尘烟，以及如何仅凭借猛烧便能将灰烬烧制成玻璃。因为在我看来，从灰烬到玻璃的转化与自然界其他转化一样奇妙，这是我特别想要描述的一点。

尽管如此，我并不想因此就得出结论说：这个世界就是按照我提出的方式创造出来的。因为很有可能，从一开始，上帝就是按照它应有的样子去创造世界的。但很明显，上帝现在保持世界的方式与它当初创造世界的方式一致，这也是神学家们普遍接受的一点。因此，即使上帝给予最初的世界一片混沌，只要它建立了自然法则，前者就会给予支持，使大自然能照常运转。我们仍可以相信：仅凭这种方式，这些纯物质的东西也可以随着时间的推移慢慢演变成我们现在看到的模样，这与创世神话并不冲突。同时，我们看着万事万物以这种方式慢慢形成，比直接看到成品观察起来要容易得多。

　　继无生命的物体和植物之后，我接着描写动物，尤其是人类。但由于我对这方面的认知有限，没法用同样的方式来进行讨论。也就是说，我没法从原因推导出结果，让大家明白根源为何，大自然以何种方式来创造他们。故而，我假定上帝创造了人的身体，从肢体的外形到器官的内部构造，都和我们拥有的一模一样。上帝仅用了我刚才描写的物质来创造人，且并未在创造之初就在人的身体里安放任何理性的灵魂，也没有放置其他东西用作生长或感官的灵魂，除了在人的内心点燃了一把我们之前谈论到的无光之火；我不太了解这种火的本质，只知道它可以让尚未干透的草堆发热，或是让新酿造的葡萄酒沸腾。因为，观察点燃这把火之后身体中的各项机能，我发现，只要我们不思考，继而不启动灵魂，也就是之前我们说过的区别于身体的那个部分（其本质是思考），我们身上的这些机能与没有理性的动物几乎并无二致。然而，我并不能因此找到任何依靠思想（换句话说，即只属于人类）的机能。反之，如果我假设上帝创造了理性的灵魂，并将其用我描述过的某种方式与身体结合起来，那么我就能发现人体的各项机能了。

为了让大家了解我是如何描述这种物质的，我想在此解释下心脏和动脉的运动，因为这是我们能在动物身上观测到的首要且最普遍的运动，由此可以很容易就推断出其他运动的模式。为了大家能更清楚地理解，我想请那些不熟悉解剖学的人在读这部分内容之前，先费点精力将一个有肺动物的心脏切开，放在面前，因为这些动物的心脏各部分都与人类相似。我们先来看看两个心室或心腔。首先，右边心腔里有两根粗大的血管：一根是腔静脉，作为血液最大的储藏室，如同树干一般，而其他静脉则如同它的枝丫；另一根是动静脉，这名字并不十分贴切，事实上，它是一根动脉，以心脏为起点，从心脏出来后形成众多分支，布满整个肺部。接着，来看看左边心腔，由两根同样粗大，甚至比之更粗的血管相连。一根是静动脉，此处命名也有问题，因为它只是一根从肺部延伸过来、存在诸多分支的静脉，这些分支与动静脉的分支相交叉，又跟气管的分支交织，呼吸的时候，空气就从气管进入人的身体。另一根则是大动脉，始于心脏，其分支遍布全身。我还想给大家仔细地讲一讲心脏的十一片薄膜，它们就像十一扇小门，管着两个心腔里四个道口的启闭。三片在腔静脉的入口整齐地排列，绝对不会因此而阻止其中的血液流入右边心腔，同时又准确地不让血液流出心脏；三片位于动静脉的入口，排列方式正好相反，使得右心腔的血液可以流入肺部，而无法从肺部逆流回心脏；两片位于静动脉的入口，保证肺部血液可以流入心脏左腔而不回流；最后三片排列在大动脉入口，以保证血液从心脏流出而不回流。关于薄膜数量的分配，理由也无须深究：静动脉的位置特殊，它的入口呈椭圆形，两片皮膜足以关闭；而其他血管的入口则呈圆形，需要三片皮膜来闭合。此外，我还希望大家可以注意到：大动脉和动静脉的组合比静动脉和腔静脉的组合要更结实坚硬。后两者在进入心脏前会扩大成囊形，又被称为"心耳"，构成与心肌类似。同时，心脏的温度总是比身体其他部分要高，这样的温度可以使流入心脏的血迅速膨胀、扩张，就像我们将液体一滴一滴滴入高温容器时见到的现象一样。

说完上述几点，我就无须再多说什么来解释心脏的跳动了。当两个心腔没有被血液充满时，血液必然是从腔静脉流入右心腔，从静动脉流入左心腔。又因为这两根血管总是充盈着血液，它们朝向心脏打开的口子不会堵住。但是，一旦滴入两滴血，两边各一滴，由于血滴进入时的开口足够宽，与之相连的血管又充斥着血液，所以当它们遇到心脏的高温，立即变稀膨胀，心脏因此瞬间扩大。随后，它们又将两条血管上的五扇小门推至闭拢，以阻止后面的血滴再进入心脏。这两滴血变得越来越稀薄，它们推开位于另两根血管开口处的六扇小门，并通过这两根血管流出心脏。这样一来，动静脉和大动脉上所有的分支都被撑大，这几乎与之前提到的心脏的扩张同时发生。紧接着，心脏和这两条动脉收缩，因为流入的血液冷却了，那里的六扇小门又再次闭拢，而腔静脉和静动脉上的五扇小门又重新打开，让另外两滴血进入心脏，并按照同样的方式使心脏和两根动脉扩张。由于血滴进入心脏前会先经过我们之前命名为"心耳"的两个囊，因此，心耳的运动与心脏正好相反，心脏舒张时，心耳正好收缩。最后，由于一些人不了解数学论证的力量，也不习惯区分真正的理智与似是而非的理智，未经调查就否定上述观点，因此我想要提醒他们：我刚才解释的心脏跳动，是我们亲眼所见的心脏内部结构引发的必然结果，是由手指就能触摸到的心脏的温度引发的必然结果，是由我们所知道的关于血液特性的经验引发的必然结果，这就像是时钟的运转，是由它的钟摆和齿轮的力量、位置和形状引发的必然结果一样。

如果有人问：静脉中的血液源源不断地流入心脏，怎么不会流干？血液通过心脏流入动脉，动脉何以不会灌满？我不需要过多回复，因为一位英国医生①已经在他的著作里解答过了。我们应该为他在这个未知领域的破冰行为而大加赞赏。他第一次提出：动脉末梢有很多细小的血管，从心脏流出的血液通过这些血管流入静脉的细小分支，并再次流入心脏。这就是血液生生不息的循环。作为外科医生，他丰富的日常经验足以证明这一点：割开手臂静脉，如果在伤口上方将手

————————

① 此处指英国医生威廉·哈维（1578—1657），他发现了血液循环的规律，奠定了近代生理科学发展的基础。

臂不松不紧地绑起来，比起不绑，血流得反而多；但是，如果选择在切口下方，也就是手部与切口之间绑起来，或是在上方捆得特别紧，情况则完全相反。显然，如果在上方不紧不松地捆绑手臂，手臂里的血液就不能通过静脉再流回心脏，而这却不能阻止血液通过动脉从心脏流出到手臂，因为动脉位于静脉下端，血管壁更为坚硬，不容易按压。同时，从心脏流向手臂的动脉血比从手臂流回心脏的静脉血力量更强。血液既然从手臂上某条被割开的静脉流出，那么在切口下方、靠近手臂末端处必然存在着一些血管，使得血液可以从动脉流到切口处。这位医生还十分有力地证明了血液的流向问题：静脉血管各处都分布着许多细小的皮膜，因而静脉中的血液不会从身体的中枢流往末端，而只会从末端流回心脏。此外，实验还能证明：如果将一根离心脏位置很近的动脉紧紧系住，然后在心脏和打结处中间的位置切上一刀，那么身体里的血液将会在很短时间内迅速流光；而且，除了心脏，我们实在想不出血液还能从别的地方流出。

　　除此之外，还有很多其他例子可以证明血液循环的真正原因正如上文我说的一样。首先，我们看到静脉血和动脉血是有差别的：血液经过心脏变稀且气化，因而从心脏流出不久的动脉血比快要进入心脏的静脉血更精细、活跃，温度也更高。如果仔细观察，我们会发现这一不同只发生在近心脏处，而离心脏远的地方则并非如此。其次，动静脉和大动脉的血管壁非常坚硬，这足以证明血液对它们的冲击力要大于对静脉血管的力。那么，左心腔和大动脉为什么比右心腔和静动脉更大且更宽呢？事实上，这只是因为静动脉里的血流经心脏后就到达肺部，这比刚从腔静脉而来的血更精细、更易稀化。医生可以通过切脉诊断病人，因为他们知道血液属性的变化会受心脏温度稀释的程度和快慢发生相应变化。如果我们考察心脏的温度如何传递到身体其他部位，那么我们必须承认这是血液循环的功劳：血液流经心脏，在那里获得热量并传递给整个身体。这也解释了为什么如果身体某个部位的失血过多，这个部位就会变凉。即使心脏热得像块烙铁，如果不持续向四肢供应血液，也无法使其变热。我们还认识到：呼吸真正的作用在于给肺部提供新鲜的氧气，使得在右心腔稀释、气化的血液流进肺部后得以变得浓稠，并重新变成液体流回左心腔。否则，它无法为心脏中的火提供燃料。这一点其实很好证明，例如，没有肺的动物只有一个心腔。又如，还在母亲子宫里的胎儿无法使用自己的肺，腔静脉中的血就通过一个口子流入左心腔，又从动静脉中通过一根血管流入大动脉，并不经过肺。再来讨论下消化，如果心脏不通过动脉将热量传递到胃，同时输送流动性大的血液以消化吃进去的肉类，人类又何以实现这种机能？如果我们考虑到每天血液循环经过心脏并随之稀释气化的过程不下百次，那么我们是不是很容易就能认识到将肉食汁液转化为血液的过程了？也就不必说太多来解释体内的营养和产生的各种体液了，只须告诉大家：通过气化，血液带着一股力量从心脏流往动脉血管的末梢，其中一部分血液停留在身体的某个器官，代替了原来的一些因子；又因其遇到的毛孔的位置、形状、大小不同，有的血液分子可以到达这个器官，有的却不行，其原理跟使用不同型号的筛子区分不同种类的种子如出一辙。最后，这一切中最应关注的现象就是生命气息的产生。它就像是一股精细的风，又似一簇纯净活跃的火，大量且持续地从心脏上升至大脑，后又通过神经传输到肌肉，使身体各个部分活动起来；不必再去设想其他原因来解释为什么血液中最活跃、渗透力最强的那一部分最适宜构成生命气息，从而进入大脑，而非其他器官。事实上，这只是因为负责运送血液去往大脑的动脉血管是连接心脏与其他器官之间最直接的通路。按照与大自然规律相似的机械原理，当所有东西都奔赴同一个目标，且目的地又没有足够位置容纳时，那些最虚弱又不够灵活的部分总是被最有力的挤到边上，让出道路令其独行。我们刚才所说的从左心腔流出前往大脑的血液大体也是这样。

我在原打算出版的专著里对此做了充分的解释。同时，我也在那本书里解释了：人体神经和肌肉是如何构造才得以使内部的生命气息有力量带动身体各部分运作，就像刚被砍下不久的头颅，尽管已没生命，却还在那儿动弹着撕咬土地；大脑的哪些变化引起了人的清醒、入睡和做梦；光线、声音、气味、味道、热度以及其他外部事物的性质是如何通过感官的作用给大脑留下不同印象；饥饿、口渴以及其他内部感受又是如何将它们的感受输送到大脑。以上种种均在大脑中被接受为共识，存储为记忆，幻想又将它们改变或重组，通过同样的方式，生命气息遍布于肌肉，使身体各部分根据感官接收到的信息或是内部感受做出不同的动作，即使没有意志的指挥，身体也能动起来。这一点也不奇怪，尤其当我们知道人的技术可以制造出各种不同的自动机时。与动物体内大量的骨骼、肌肉、神经、动脉、静脉等相比，自动机的零件实在太少。人的身体就像是经上帝之手创造出来的一台机器，拥有无与伦比的条理和精妙的动作，是人所发明的任何机器都无法比拟的。讲到这里，我必须停下来做个说明：如果一些机器，它们的部件和外形与猴子或是其他没有理性的动物无异，我们便没有任何办法可以辨认出它们的本性与这些动物有何不同；相反，如果有机器和人的身体相似，并且竭尽所能模仿人的动作和智力，我们总是有两种方法用来确认它们不是真的人类。第一，机器绝对不会和我们一样使用语言或由语言构成的符号来将自己的想法告知他人。设想一下，人类构造出一台会说几句话的机器，甚至可以在我们扳动它的某些部件时做出相应回答。例如，在某处一按，它就会询问我们想要它说什么；又如，换了一个地方按一下，它会指责我们弄痛了它，诸如此类。但这并不意味着它可以用不同的方式重新排列语言用以回答我们跟它说的任何话，但即使是最愚笨的人也能做到这些。第二，尽管机器可以把很多事情做得很好，甚至比任何人都好，但其余事情它们却必定不会做。由此，我们发现机器做出动作不是因为认知，而是因为它们内部零件的排列设置。因为，理性作为万能的工具可以用于任何场合，而这些机器的部件则不同，特殊的动作必然需要特殊的部件设置。由此可见，从理论上讲，一台机器不可能像理智指挥人的动作那样，拥有这么多的部件来应对生活中的任一场合。我们也同样能通过上述两点来区分人和动物。因为我们注意到：人再愚笨，也总是能将不同句式组合在一起来向他人表达自己的观点，即使精神失常者也不例外。相反，没有任何一种动物可以做到像人类这样，即便它们一出生就很幸福、完美。这并不是由于它们缺少了什么器官。因为我们看到：喜鹊和鹦鹉可以像我们一样大声说话，但它们不能和我们一样说出内心想表达的意思。相反，一些先天聋哑的人跟动物一样缺少了用于说话的器官，甚至远不如动物。尽管如此，他们却总能创造出一些手势来让那些跟他们常住且有时间学习这种独特语言的人明白自己的想法。这一点足以证明：动物与人比起来，并非只是拥有更少的理性，而是根本没有理性。因为我们看到，要学会说话并不需要花费多少理性。我们还注意到，同种类的动物个体之间是有差异的，这一点和人类相似，有的比较容易接受训练，有的则不然。但即使最完美的猴子或鹦鹉学起说话来，也没法和一个最愚蠢的孩子相较，甚至比不上一个大脑受损的孩子。如果不是因为动物的灵魂在本质上与人类不同，这简直令人难以置信。另外，我们绝不能把语言和表现情感的自然动作混为一谈，要知道后者是完全可以被机器或动物模仿的。我们也不能像古人一样，认为动物是有语言的，只是我们听不懂罢了。因为如果真是这样，既然动物的多个器官与人相似，那么它们也可以像跟自己的同类交流一样与人交流。还有一点值得注意：尽管有一些动物在某些方面显示出更胜于人的灵敏，但在别的事情上并不灵巧。因此，动物们在这些方面做得比我们好，并不能证明它们拥有理智。因为假若有，它们必然能在任何事情上胜过我们中任何一个人；但它们并没有理智，是器官的配置带来的本性让它们如此行动。这就像我们见到的时钟，只有齿轮和发条，却能精准地指示钟点、衡量时间，即使我们再谨慎也无法与之相较。

接着，我又描述了理性的灵魂，让大家看到它绝无可能来源于物质的力量，就像我之前谈论过的其他事物一样，它只能被创造，驻扎于人的身体，就像领航员进驻于他的船舱。但这还不够，为了让身体各部分运转起来，灵魂还需与身体更紧密地联系，才能拥有人身上出现的情感和欲望，才能构成一个真正的人。剩余的部分，我围绕灵魂这一话题多说一点，因为这最为重要。有人否认上帝的存在，这一错误我在之前已经反驳过了。还有一处错误会使最薄弱的理智远离道德的正道，那就是认为动物的灵魂和人一样，继而以为我们和苍蝇或是蚂蚁一样，对此生之事无所畏惧，也无所希冀。相反，如果知道人和动物的灵魂大相径庭，我们也能更好地理解人的灵魂完全独立于人的身体，因此它不会跟随人的身体死去；既然也看不到其他原因能用来摧毁灵魂，那么，我们也自然得出它是永恒的结论。

第六部分
推动自然研究领域
进一步发展所需要的东西

三年前，我终于写完了这部包含上述所有内容的专著。当我着手审阅，并想将其委托出版时，却得知自己向来尊敬的一些人谴责某人新近出版的一本书①中的物理学观点。要知道，这些人的权威之于我的行为，就像我自身的理智可以支配我的思想一样。然而，在他们对此观点进行审查之前，我并没有发现其中有可能会损害宗教或是

①此处的某人指伽利略，他是意大利天文学家、物理学家和工程师、欧洲近代自然科学的创始人，被称为"观测天文学之父""现代物理学之父""科学方法之父""现代科学之父"。此处其新近出版的一本书指《关于托勒密和哥白尼两大世界体系的对话》，是伽利略撰写的一部天文学著作，于1632年在意大利出版。

国家利益的内容。因此，经过理性的考虑，我并不排斥将这些内容写进我的著作。但这件事着实令我惶惶不安，深怕自己的见解中有相同的错误，虽然我向来谨慎，从不接受自己尚未确定论证过的新观点，也决不将有可能对他人不利的想法写出来。但这一事件足以令我放弃先前想要将这本书出版的决心。尽管之前对此有强烈的愿望，但其实我打心底里是讨厌著书立说这份职业的，这也让我找到了很多其他理由来为自己开脱。这样或那样的理由，我现在有兴趣聊一聊，读者或许也有兴趣听一听。

对于自己思想的产物，我并没有过多的关注；我一直使用这套方法也没有收获太多的成果，除了满意地解决了一些思辨学说上的难题，再就是努力用这种方法教给我的道理来规范自己的行为，却从未想过一定要将这些东西编写成册。因为说到行为准则，每个人都有自己的独到见解；如果容许每个人都能成为上帝指派来治理万民的君王，或是被赋予无限恩宠和热忱而成为预言家，那么人人都能成为改革家。我的所思所想令我十分满意，但我相信其他人也有自己的思想，并对此也很中意，或许比我更甚。当我掌握了物理学方面的一些普遍原理，并将其试用于一些特殊的难题时，我发现它们的用途十分广泛，且与目前我们使用的准则多有不同。我想，若我秘而不宣，也就违背了现行法律，即奉献自己的一切而为人民谋福利。因为所掌握的原理让我看到：我们有可能获得一些对生活十分有利的知识；与经院中老师所传授的思辨哲学不同，我们可以由此得出一种偏实际的哲学来清晰地认识火、水、空气、星球、天际以及周围一切物体的力量和作用；随后，就像不同的匠人从事不同的职业，我们可以用同样的方式将上述力量分配于适用的场合，继而也就能成为大自然的拥有者和支配者。我们不仅可以期待数不尽的创造发明，使自己可以毫不费力地享受地球上的各种资源和便利，更重要的是可以维护健康。健康的身体无疑是生命的首要财富，也是其他财富的基础。因为人的思想也依赖于人的体质和身体器官的状况，如果存在什么方法可以使人类比现在更聪慧灵敏，那么我认为必须要在医学中寻找。现今广泛应用的医学中有显著疗效的成分不多，当然，我并没有轻视医学的意思。我相信，任何一个人，包括从医者，都不会不承认：在医学领域，我们所了解的内容与尚待认知的部分相比几乎为零；如果我们能充分认识各种疾病的原因和大自然赋予我们的良药，便可以免除身体、精神上无数的疾病，甚至衰老。我计划终其一生来寻找一门十分必要的科学，并走上了一条在我看来只要持之以恒必然能将其寻到的道路，只可惜两个原因使我受阻：一是生命短暂，二是经验不足。依我判断，最好的补救方法无非是将自己浅薄的知识毫无保留地告知于众，鼓励有志者继续努力，按照自己的爱好和能力得出新的经验，并将此原原本本地传递给下一代，让他们在此基础上继续研究。如此代代相传，就像是把众人的生命与成果汇合在一起，比起各自独立研究，众人拾柴必然走得更远。

关于经验，我发现我们在认识知识的道路上走得越远就越需要经验。在一开始，我们最好使用那些触手可及的经验（只是我们往往选择忽视或是对此不加思考），这远比探寻罕见的经验要好得多。这么做的原因是，当我们尚未弄清楚普遍经验的原因，某些罕见经验的原因往往让人上当，它们所依赖的条件极其特殊、琐碎，极难被人发现。在这方面，我采取如下步骤：首先，我试图找到这个世界上存在或是可能存在的一切事物的本源和首要因素，为此，除了上帝创造的这一世界以外，不再考虑其他；除了挖掘自然而然存在于我们灵魂之中的真理之种以外，不再去它处寻找。接着，我仔细审查这些原因可能推导出的最首要、最平常的结果是什么，亦由此发现了宇宙、星辰、地球，甚至地球上的水、空气、火、矿物以及其他类似事物，这些是最普通、最简单的，也因此是最容易认识的事物。随后，当我想接着往下推导出一些更特别的东西时，却发现眼前呈现出了形形色色的事物。我始终认为，凭借人的思想是无法辨别哪些是现存于世的，哪些是上帝可能想要放置于世上的其他事物。因此，如果不是通过结果上溯原因，同时借助一些特殊经验，人也无法将其为己所用。之后，我的思想又重新审视了这些曾在我的感官中出现的事物，我敢说，没有一样是不能用我曾发现的原理来加以解释的。同时，我必须承认：大自然的力量宏伟、宽广，世界的本源简单、普遍。我发现，任何一个特殊的结果，一开始我都觉得可以通过多种方法从上述原理推导而来，我遇到的最大困难通常就是不能确定它到底依赖哪一种方法。在这一点上，别无他法，只能重新进行实验，根据结果的差异来选择用哪种方式进行解释。至此，我似乎可以清晰地看到要从哪个角度入手进行大部分实验以达到这个结果。我也意识到这些实验错综复杂、数量繁多，而我仅有这一双手和有限的收入，即使再多上千倍，也无法全部做完。因此，我在认识自然方面可以前进多少，就完全依靠我如今有多少条件来开展上述实验。撰写这本书，我是打算让大家知道这一点，让大家清楚地认识到可以从中获得的益处。所以我要求那些想为人民谋福利的人，那些品性正直、不虚伪、不空想的人，可以将他们已完成的实验告知我，并帮助我在尚未触及的领域继续探索。

可从那一刻起，又有一些别的原因使我改变了先前的看法。随着我发现的真理越来越多，我想应该继续踏踏实实地把自己认为重要的东西写出来，竭尽全力去做，就像准备将其出版一样。这样一来，我就会有更多机会来反复审查，毕竟比起留给自己看的东西，我们会更细致地去检查拿给众人阅读的材料；而很多时候，我们在最初构思时觉得无比正确的东西，一旦落笔便会发觉不对劲。另外，这样做也是为了不错失任何造福于众的机会，如果我有些能力，或者我写的东西尚有些价值，那么在我死后，得到它的人运用起来就方便许多。但我决不赞同当我还在世时就将其发表，以免引起的反驳争论抑或种种赞誉浪费我本该用于学习的时间。因为尽管人人都需要尽力为他人谋福祉，对他人无用是毫无价值的表现，但我们应将目光放得更长远，有时候放弃一些可能对今人有益的事物，但却能为子孙后代带来更多益处，这未尝不是一件好事。事实上，我很想让大家知道，我至今所学与未知的相比就如沧海一粟，但我并不气馁：逐步在科学领域发现真理的人就像富人，他们无须花费多大力气就能有丰厚的收获，而在此之前，为了一点收益可能就要付出许多。或者，我们也可以把这一过程与领兵打仗相比，随着胜利的累积，实力也越发雄厚：要是吃了败仗，则需花费很多精力方才能维持稳定；而胜利之后，再进一步攻城略地就容易许多。我们努力克服寻求真理过程中的种种困难和错误，确实跟打仗一样。要是我们在一个稍具普遍性和重要性的问题上接受了一个错误观点，这就和打了败仗一样，之后需要更多的精力来恢复到原先水平；若我们已经掌握确定的原理，则无须费力就能获得很大的进步。至于我，如果我以前发现了一些科学上的真理（我希望我在这本书里所写的内容可以证明我确实获得了一些），我想说，这只不过是我克服了五六条基本困难之后的必然结果与后续，这就像是我有幸获得的胜利。甚至，直言不讳地说，只要再打两三次这样的胜仗，我就可以完全实现我的计划了；而我的年龄还不算太大，根据常理，我还有足够时间来达到这一目标。但是，我越希望可以有效利用剩余时间，就越需要精打细算；一旦我的物理学原理发表，必定会浪费很多的时间，因为，尽管所述原理每一条都足够清晰，读者只需仔细倾听即可认同它们；同时，我认为其中没有一条原理不能被证明，但由于人们的意见总是五花八门，接踵而至的种种反驳势必会使我分心。

当然，这些反驳也不乏益处，它可以使我知道自己的错误；如果我有优点，这些反对意见也可以使别人对我的优点认识得更加深刻；又因为众人总是比个人看得更广，从此时开始，他们的反驳就为我所用，帮助了我。不过，尽管我承认自己非常容易出错，也几乎从不信任第一时间出现在脑海里的观点，但我面对别人的异议还是比较有经验的：我并不期待可以从中获益。因为我曾经多次受到各方批评，或是来自我认为的朋友，或是来自不相干的人，甚至还有些人怀有恶意和嫉妒之心，竭力寻找我的朋友出于爱意而未予以揭露的问题。但他们的反对意见很少是我没有预料到的，即使有，也都是距离我的主题十分遥远的细枝末节，以至于我至今未找到比我自己更严谨、更公正的批评者来评断我的观点。而且，我也从未发现通过经院派盛行的那种争辩可以发现我们未曾发现的真理：因为在辩论中，每个人都想获胜，他们竭尽所能地吹嘘貌似是真理的真理，而不去权衡双方的理由；那些一直以来充当好律师的人并不会因此就在之后成为优秀的法官。

他人可以从与我的思想交流中获取一些益处，但不至太多，因为我还未将这些思想引导至更深处，在实际应用前，还须补充很多东西。如果这个世界存在具备这种能力的人，那么这个人只能是我而不是别人，我希望这不是自我吹嘘。这并不是说世界上不存在比我更聪明的人，事实上能者众多，而是因为，如果我们想要从别人那学习一种东西，使其精通至就像是自己的一样，还不如自己去创造。这千真万确！例如，我多次将自己的一些观点解释给一些聪明人听，尽管在我阐述时，他们似乎听得很清楚仔细，但当他们复述时，我注意到他们几乎每次都会进行篡改，以至于我都无法承认这是我的观点。我愿意借这个机会请求后人们不要随意相信他们看到或听到的东西来源于我，除非这确实是我自己发表的；
一些荒诞之说常被强加于没有作品留于后世的古
代哲学家身上，对此我丝毫不感到意外。我也
不会因此就认为他们的思想毫无道理，因为他们
是那个年代的智者，只是后人没有如实转述其观
点罢了。正如大家所见到的，他们的信徒中没有
任何人超越他们。我肯定，那些热烈追随亚里士
多德的人，如果他们获得和他一样多的关于自然
的知识，即使再无可能比此时更博学，他们也会
感到满足。他们就像爬山虎，从不试图超越它们
所攀附的树木，待它们到达顶峰时，甚至还会往
下爬。在我看来，这些人也是在走下坡路，也就
是说如果他们不再学习，就会退步，也就因此比
不上那些不满足于书中已述难解之事，想要寻找
原作者并未提及乃至想到解决这些难题之方案的

人。但是，前者研究哲学的方法非常适用于那些才智平庸之辈。因为他们使用的准则与原理含混不清，却足够其高谈阔论，就像他们对此真的明白一样。他们可以为自己所说的一切辩护，即使面对最灵巧精妙的观点，也可与其对抗，使得人们不知如何反驳。在这点上，我觉得他们就像是瞎子，为了和有视力的人打架时不吃亏，便把他们拉进某个乌黑的地窖深处。所以说，我不再发表这些我正在使用的哲学原理，对于这些人来说是有利的。因为这些原理简单易懂，一旦发表，就像是开了几扇窗，将阳光引入他们特地走下去与人缠斗的地窖里。即使最聪明的人也不用期待能认识这些真理，因为如果想要畅谈一切，获得博学的美名，他们仅满足于那些貌似是真理的真理即可，无须费多大精力就能在形形色色的题材中找到，那些可比只能在某些内容中慢慢寻得的真正的真理要容易得多，且在后面这个过程里，如果要谈论的是别的什么，我们还须坦承自己在此方面的无知。如果他们更倾向于知晓为数不多的真理而不是看起来无所不知（后者似乎更受欢迎），或是想要追随我拥有一个类似的计划，那么看看这篇谈话的内容即可，我无须再多言。因为，如果他们有能力超越我所完成的一切，也必定能依靠自己发现我认为已经发现的东西；又因为我总是循序渐进展开研究，故而，等待我进一步发现的东西必然比我已发现的东西更难、更隐蔽，而他们一定更想要依靠自己去探索而不再是在此跟着我学。此外，他们还培养了从易慢慢到难的行为习惯，这比我的所有教导都有用。拿我自己来说，我认为，如果自年少起，我就被教授了所有通过我的不懈推论才得出的真理，也就是那些接受起来一点也不费力的真理，那么或许我不可能再发现其他真理。至少，我的探寻过程不可能如此有经验、如此轻而易举。总之，如果世上存在一种工作，需要人从头至尾来完成，中途换人会导致质量欠佳，那么这正是我现在所做的。

确实，做这项工作需要进行一些实验，独自一人无法完成所有。但我们能熟练使用的又只能是自己的双手，除非找一些手艺人或是愿意受雇用的人，给他们相应报酬是一种行之有效的方法，借此让他们严格按照要求完成任务。也有一些人出于好奇或想要学习点东西自愿来帮忙，这些人通常说的比做的多，提出的建议也都是无法实现的。作为回报，他们想要知道一些难题的解释，或是收到一些无用的夸赞和交流。以上无疑都是在浪费有限的时间。至于别人已经完成的实验，或许他愿意交流一些，但被其认定为是秘密的那个部分绝无可能告知对方，即便有，也多半夹带着繁杂的环境要素或是浮于表面的因素，让人很难从中分辨出真理；他们解释起来不清不楚，甚至错误百出，因为他们竭力想要使自己的解释与其原理相符，即使其中有些实验确实有用，也必须耗费时间筛选，实在是得不偿失。因此，如果这个世上确实存在一个必然能做出最伟大的发现且为大众所用的人，为此，人们也愿意竭尽所能帮助他达到目的，那么我能想到的对此人有用的唯一帮助就是为他提供实验所需的经费，除此以外就是任何人都不要去打扰他，浪费他的时间。但我还做不到像设想的人那样，也无法承诺一定做出非比寻常的贡献，更不敢妄想众人对我的计划十分感兴趣，我的灵魂没有如此卑微，但我亦不想接受那些与我并不相称的优待。

以上种种想法共同解释了三年前我为何没有出版手头的那本书，甚至我下定决心不在有生之年发表任何概括性的、让人了解我的物理学原理的著作。但后来又有两条新的原因让我不得不在此拿出几篇特殊的文章，让大家对我的工作和计划有所了解。第一条是，如果我不这么做，一些知道我先前出版计划的人或许会对我放弃该计划的原因妄加揣测，这于我更不利。尽管不喜盛誉，甚至我敢说，我厌恶这些，认为它们影响了我的清净（我将此置于一切之上），但我也没有必要因此而像罪犯一样隐藏自己的行为，或是采取各种措施使自己寂寂无名。不仅是因为我不想对不起自己，也因为这样会给我一种不安的感觉，而这种不安也与我追求的精神上的清净相悖。一直以来，我对是否出名都不甚在意，也不阻止自己能获得某种程度的名誉，但我觉得我应该尽力，至少让自己免于恶名。另一个迫使我写这本书的原因是，我想要不断学习的计划一天天地推迟，因为我有数不清的实验要做，而无他人帮助，我又无法独自完成。尽管我不认为大家都愿意参与我的计划，但我也不愿意懈怠，而让后人指责我：如果当初让他们知道如何能帮助我完成计划，或许我能留给他们更好的成果。

我觉得，选出一些适宜的主题并不难——不致引发过多的争论，也无须违背我的意愿而过多地宣布我的原理，同时又能让大家清楚地知道在科学领域我能做的、不能做的。这件事是否成功，我没法说，我也不想评论自己的作品，用以预防他人的评判，但我很乐意大家来审查我的作品。为了让更多的人拥有这样的机会，我请求所有对作品有反对意见的人，不辞辛苦地将意见寄给出版商。一经通知，我会立刻将相关回复添加到书的新版中去。通过这种方式，读者可以看到双方的观点，也就更容易判断真伪。我的答复不会太长，如果我认识到错误就会坦然承认；如果没看出问题来，就简单回以几句来为自己辩护，决不添加新的东西用以解释，以免陷入无休止的循环讨论。

我在《屈光学》和《气象学》开头讲的一些东西会让读者惊讶，因为我称其为"假设"，且并不想对此加以证明。读者需耐心读完，我希望他们最终能感到满意。因为在我看来，书中的推理都是串联起来的，后面的内容能被作为原因的前面的内容所证明，而前面的内容也能被作为结果的后面的内容所论证。大家不要认为我在此处犯了逻辑学家们称之为"循环论证"的错误：因为实验验证了大部分结果的可靠性，我将其从原因中推导而出，并不是用来证明结果的存在，而更多的是用来解释说明，正是这些结果证实了原因。我把它们称为假设，是为了让大家明白：我认为我可以从之前解释过的基本原理中将其推导出来，但我决意不如此做，是为了防止一些聪明人，他们仅凭借别人说的三两句话，就觉得自己一天就明白了别人花费二十年才研究清楚的事情，他们越聪慧就越容易失败，也越难发现真理。我如果做了这种推导，他们就有机会误解我的理论，并在此基础上创建一些荒谬的哲学，而大家又难免将错误的原因归咎于我。至于我自己的那些看法，我承认它们都是新的，也不为此辩解。因为如果大家看明白了我的推理，就会发现它们如此简单且合乎常理，与在此类问题上其他人的想法相比，并没有那么奇怪或非同寻常；我也不吹嘘自己是第一个发现这些观点的人。但我很自豪，我接受这些观点，并不是因为别人说过类似的话，也不是因为没有任何人说过类似的话，只是因为我的推理证实了它们。

如果工匠们不能立刻把《屈光学》里的发明付诸实际，我想也不能因此就说这些发明糟糕。因为一定要有熟练的技巧才能制造并调试好我所描述的机器，且不错过任何细节。如果他们第一次就成功，我反而会很惊讶，其程度不亚于有人能在一天之内，仅凭借手里的一本琴谱就能完美地演奏乐器。我使用本国语言——法语写作，而不是导师的语言——拉丁语来写作，是因为我希望那些仅运用自己纯粹的自然理性之人来更好地评判我的看法，他们远胜于那些只相信古书的人。至于那些能将良知和学识相结合的人，是我一直企盼的公正评判者，我相信他们断不会偏心于拉丁语，而拒绝我用通俗的语言解释出来的道理。

最后，我不想在这里特意谈及希望未来在学术上做出哪些进步，也不想对大家做出任何我无法保证一定能完成的承诺。我只想说，我下定决心利用余生来努力获取一些关于自然的知识，我们可以从中提取规则服务医学，这比起我们现今使用的要更可靠。我的偏好使我对其他计划提不起兴趣，尤其那些对一部分人有利，却要因此而伤害其他人的计划，如果形势使然，逼迫我必须要这么做，我想我也不可能成功。我在此郑重声明，我深知自己无法成为世间赫赫有名的人物，我也志不在此。我将永远衷心地感谢那些优待我，让我能享受闲暇时光的人，并不希望有人能给我什么尊官厚禄。

附　录

笛卡尔致梅森[①]

1630年4月15日

对于您提到的关于神学的问题，虽然超出了我的思维能力，但似乎仍在我的专业领域内，因为它没有涉及必须依赖于启示（我将其称之为神学）而存在的东西；但它是形而上学的，应该接

---

① 马林·梅森（1588—1648），17世纪法国著名的数学家和修道士。他最早系统而深入地研究 2^P-1 型的数，数学界为了纪念他，就把这种数称为梅森数，并以 Mp 记之，即 $Mp=2^P-1$。如果梅森数为素数，则称之为梅森素数。梅森还被人们誉为"有定期学术刊物之前的科学信息交换站"。他和笛卡尔、费马、罗伯瓦等曾每周一次在梅森住所聚会，轮番讨论数学、物理等问题。

受人类理性的检验。我认为，所有上帝赋予其这种理性的人，都应该着重运用并尽力去认识这种理性，同时认识他们自己。这正是我开展研究的开端。我想告诉您，如果我不通过这种方法去寻找物理学的基础，我将永远不知道如何才能将其找到。但是，我研究最多的是物质，感谢上帝，我从未满足于此，至少，我想我已经找到了能用来证明形而上学真理的方法，这种方法比几何论证更明确。我这样说是根据我的判断，因为我不知道别人是否能被我说服。来到荷兰的头九个月里，除此以外，我什么都没做。我相信您之前已经听我说过打算把一些东西写下来，但如果我还未看到物理学将如何被他人接受，我认为这样做不合适。如果您之前所说的那本书很好，且正好落入我的手中，我认为有必要立即做出回复，因为您收到的其他人针对该书的反馈是真实的，它的主题比较危险，且是我认为错误的题材。但是，我还是没忍住在我的物理学研究中谈论一些形而上学的问题，尤其是下面这一条：数学的真理，即您称之为永恒的真理，和其他万物一样，由上帝创建，又完全独立于上帝，这到底是什么？事实上，讨论上帝，就如同讨论罗马神话中的朱庇特或农神，迫使他服从斯塔克缇和命运，并告诉大家真理是独立于他而存在的。请您不要担心，也请您相信并把以下观点宣扬给世人，即上帝在自然界创建了律法，就如同国王在他的国度创建律法一样。如果我们用心去考虑，就不存在特别难以理解的地方，这些律法与我们的思想相伴相生，就像国王会将他的法律铭刻在所有臣民的心上，如果他有这样做的权力的话。相反，即使我们知道上帝的伟大，我们对这种伟大也无法理解。但正是因如此，我们才更加尊敬祂。这就像是当臣民不太熟悉国王时，国王就更显威严，但前提是他们不会因此而认为自己没有国王，并且对此十分确信。有人告诉您，如果上帝建立了这些真理，祂就可以像国王修订法律一样改变它们，而对此，我们的答案只能是肯定的。但我认为上帝的律法是永恒不变的，我甚至判断它们就代表上帝本身。祂的意志是自由的。是的，祂的力量是难以估量，一般来说，我们完全可以确信上帝能做我们所能理解的一切，但不能保证祂不能做我们不能理解的事。如果自以为我们的想象力能与上帝的力量相比，那就太轻率了。我希望能在两周内，将这些想法写进我的物理学著作。您无须为我保密；相反，在适当的场合，您尽可能提及，只要您不说出我的名字。因为我很乐意知晓别人在这点上的反对意见到底是什么。在我看来，世人更习惯于庄重地谈论上帝，而非平平常常地去讨论，事实上，他们几乎总是把上帝想象成一个有限的事物……

笛卡尔致梅森

1630年5月6日

至于那些永恒的真理，我再重申一遍：如果上帝知道它们是真实的或可能的，它们就一定是真实的或可能的；相反，如果它们并没有被上帝认为是真实的，那么它们就是独立于上帝的真实。如果人们能很好地理解他们所说的话，他们就不会轻率地说，事物的真实性是先于上帝对它的认识的，因为在上帝看来意愿和认知是一回事。如此看来，祂认识一个祂想要的事物，这个事物就会是真的。因此，不应该说，即使上帝不存在，这些事物也会是真的。因为上帝的存在先于所有可能存在的真理，且是最永恒的，同时也是所有其他真理的唯一来源。但在这一点上容易犯错的点是，大多数人并不认为上帝是无限的且不可理解的，也不认同上帝是万物赖以存在的唯一创造者。他们认为要认识上帝，知道他名字的音节（法语中为 Dieu），知道这个单词与拉丁语中被称为 Deus 的意思相同，且上帝被世人所崇拜，这就足够了。那些思想境界一般的人，很容易成为无神论者，因为他们完全理解数学真理，却不理解上帝的存在，所以他们不相信真理依赖于上帝的存在，这也就不足为奇了。相反，他们应该判断到，上帝是一个因，其力量超过人类理解限度，而这些真理存在的必要性不超过我们的认知范围，它们是最细微的东西，并且受制于这种不可理解的力量（即上帝）。在我看来，您所说的关于圣言的话与我说的话并不相抵触，但我不想参与关于神学的讨论，我甚至担心您会认为我的哲学思想过于解放，不应该对如此崇高的主题发表意见。

笛卡尔致梅森

1630年5月27日

　　您问我，上帝是因何而建立永恒真理的。我回答您说，和创造万物的原因一样，即效果原因和全面原因。因为可以肯定的是，祂既是万物存在的创造者，也是本质的创造者，只是这个本质就是那些永恒的真理，我相信它们来自上帝，就像太阳的光线那样。我知道上帝是一切事物的创造者，而真理也是其中的一部分，故上帝也是真理的创造者。我说我知道，而不是体会或是理解，因为我们知道上帝是无限且全能的，而我们有限的灵魂不足以理解或是体会祂。这就像是我们可以用双手去触摸一座山，但却无法像拥抱一棵树或拥抱其他任何不超过我们手臂大小的东西那样去拥抱它。因为理解一样事物，就像是拥抱思想，但是要知道一件事物，只需用思想去接触它就足够了。您还问我，是谁迫使上帝创造这些真理。我说，上帝可以自由地让圆周到中心的距离不相等，就像祂不去创造这个世界这样。可以肯定的是，这些真理不一定比其他生物更能与祂的本质相结合。您问我，上帝为了创造它们做了些什么。我回答说，因为祂从永恒之初就愿意并理解它们，故而创造了它们，抑或（如果您认为"已创造"这个词仅适用于事物的存在）上帝造就了它们。因为在上帝那里，意愿、理解和创造是等同的，即使成因有别，三者也没有先后顺序。

至于将人永远罚入地狱是否符合上帝的良善这一问题，是属于神学的范畴。所以，请您允许我不在这里就此进行讨论。这并非因为不信教者在这一问题上的理由强有力，（我看来，这些理由显得轻浮荒谬）；而是因为我坚信，对于依赖于信仰且无法通过自然方式来证明的真理来说，希望能仅通过人为的和可能的理由来证实它们的这一做法是完全错误的。

笛卡尔致瓦提尔神父

1638年2月22日

尊敬的神父：

　　对于您给予的帮助，我感到十分高兴。您如此仔细地阅读这本书（此处指《谈谈方法》），并善意地告诉我您的想法。我本想在寄书给您的时候附上一封信，并借此机会向您保证我是您最谦逊的仆人，但我又不希望在世人都能读到的信上署名。然而，这个想法未能实现。我想，与其说是孩子的成就，不如说是您对天父的爱给予了您声望，因而您如此善待于我，我在此要特别感谢您。在您近期寄给我的两封信中，我受益良多，因此我沾沾自喜。我可以坦率地告诉您，在我接收到的所有关于我著作的评论中，还没有人能像您一样如此的公允——我的意思是，您的评价不偏不倚，使我受益的同时，还让我对您做如此评价的原因也有了解。您的两封信接踵而至，我几乎是同时收到的，我十分钦佩。当我读完第一封，我相信会有第二封，但我以为需要等到圣吕克的假期结束后才会收到了。

为了能及时回复您的信件，我想首先告诉您，我并非想要在《谈谈方法》一书中教授我提议的所有方法，而只是谈论其中一部分，使读者了解我在《屈光学》和《气象学》中谈到的新观点都不是我随意提出的，或许都值得大家费心去研究。我也无法在我发表的三篇论文 [1] 中展示这种方法的使用，因为它要求研究事物按照一定的顺序，这与我在书中用来解释问题的顺序大不相同。然而，我还是以描述彩虹为例进行了一定的论述，如果您愿意不厌其烦地再读一遍，我希望这会比第一次更让您满意。因为，材料本身确实是有相当难度的。另外，我将这三篇论文附加到之前的《谈谈方法》一书中，是因为我确信，这可以满足一些人的需求，这些人仔细研究过我的论述，并与前人针对相同主题做出的判断进行了对比。他们会看到我使用了非通用的方法，但它可能并不是最糟糕的方法。

诚然，我在《谈谈方法》书中，关于上帝存

---

① 此处指《屈光学》《气象学》《几何学》。

在的论述过于模糊了，尽管这最重要，但我承认这也是整部书中阐述最少的部分。一部分原因是，在书商催促我的时候，我才决定将其加入书中。然而，最主要的原因是我不敢详述怀疑论者的理由，也不敢什么都讲，唯恐思想脱离了感官。因为按照我的方法，无法清楚地认识到能够证明上帝存在原因的确定性，除非我能记住人类在对物质的所有认识中发现的那些不确定性。这些想法并不适合写进这本书里。因为我希望即使是女性，也能在这本书中理解一些东西，即使那些最细致的人也能从中找到足够的内容以吸引她们的注意力。我也承认，正如您指出的那样，这种模糊性还有一部分成因在于，我认为某些因我的思考习惯而显而易见的概念，对其他人来说也一样。例如，我们的思想只能通过某些外部对象或我们自身来认识它们的形式和本质，因此，它们亦不能代表任何不存在于这些对象中，也不存在我们身上的实质性或完美性。关于这一点，我决定在第二版中加以解释。

我深信，我在《论光》①中所作的关于宇宙起源的论述，会让众人觉得不可思议。因为，若是十年前，有人作这样的论述，我自己都不愿意相信人类的思想能达到如此高度来认识这样的问题。然而，在不违背我原则的基础上，我的良心和真理的力量都让我停止恐惧，来提出一个无法忽略的问题，况且我也掌握了足够的证据。此外，如若有一天，我的那本已完成且已付印的物理学著作能出版，我希望后辈们不要对此怀疑。

---

①指《论世界，或论光》。

您仔细研究了我关于心脏运动的内容，并提出了宝贵的意见，我对此十分感激。如果您的医生有任何异议，我将非常乐意接受，并会认真给出答复。就在一周前，鲁汶的一位医学教授，同时也是我的朋友，写信给我，提出了七八条反对意见，我一一回复，写了整整两大张纸。对于读者在阅读我所写内容时遇到的困难，我会以同样的方式给出解释，我会认真地给予回复，并保证，决不会冒犯任何向我提出宝贵意见的人。这件事，几个人在一起做，远比一个人单打独斗更有效。因此，没有什么比您组织的讨论会更有意义的了。如果他们愿意不辞辛苦地审读我的著作，那将是我莫大的荣幸，我也将对此无限感激。毋庸置疑，这将是发现我作品中所有错误和真理的最佳途径。

至于光学方面，如果打开《屈光学》的第三

页，您会注意到我在那里的说明，我所说的只是假设。事实上，《论光》这一著作包含了我关于物理学所有的内容，我在其中将所有内容都尽可能详细地给出了解释。因此，我不想再在其他地方多加赘述，但会通过比较和暗示来加以提示。对于《屈光学》一书所讨论的主题，这也是极必要的。

您说您很高兴，因为还没有人能超越我所发表的内容，对此我很感激，但我也无所畏惧。因为，我是第一个还是最后一个写下这些东西的人对我来说并不重要，只要这些内容是真实的。而且，我的所有观点都是前后联系、互相依存的，如果不能了解所有内容，就无法将其中的任一观点占为己有。我也恳求您，如果在阅读我所写关于折射或其他方面的内容时遇到困难，请及时告诉我。因为我关于光学的更具体的看法要发表刊印，可能还需要很长时间。至于我在《几何学》开头提出的假设，如果不使用我的物理学观点，是无法先验地做出证明的。但是我从中推导出来的结论，无法以同样的方式从任何其他原理中推断出来。我之前就已预见到，这种写作方式一开始会让读者感到震惊，但是我相信很容易就能对其补救，只需要删除"假设"的名称，并拿出证据证明这些假设即可。但是坦率地说，我选择了这种方式来提出我的想法，既是因为我相信我可以从我的形而上学第一原则中有序地推导出它们，无须理会其他类型的证明，还因为我想试一试，不夹杂针对读者的异议而提出的任何争论或驳斥，仅靠阐述真相是否足以说服读者。对此，我的一些朋友，在仔细阅读过我的《屈光学》和《几何学》这两本书后，均认可了我的想法。虽然一开始他们和其他人一样，觉得阅读起来有难度，但是在反复阅读三四遍之后，他们认为再也找不到任何在他们看来可以被质疑的东西。事实上，我们并不总是需要有先验的理由来说服读者相信一个真理。例如，泰勒斯①，或者无论是谁，第一个提出月亮的光是从太阳那儿接收到的。关于这一点，他无疑没有给出任何证据，但通过这样的假设，人们很容易就能明白月相为何会有变化。仅凭借这一点，这一推断就足以毫无争议地传遍整个世界而不被质疑。我的思想也是相互关联的，因此我敢于希望，当我提出的一系列原则被大家所注意并熟知，且被放在一起思考时，这些原则也能被我从中得来的结论所证明。这就像

①古希腊哲学家、思想家、科学家，古希腊最早的哲学学派——米利都学派的创始人。古希腊七贤之一，被誉为"科学和哲学之祖"。

月亮从太阳那儿借光的理论，可以通过它的盈亏来证明一样。

关于我《物理学》与《形而上学》两本书的出版，我只能用一句话来回复您：我比任何人都希望它们能出版。但无论如何，鉴于现在的情况，如果不顾及某些限制而执意出版，自然不够谨慎。我还想告诉您，我内心深处并不害怕其中有任何违背信仰的东西。因为，恰恰相反，我敢夸口说，如果大家愿意遵循我的原则，信仰将得到人类理性从未有过的热烈支持。尤其是加尔文主义 [①] 者

---

① 16 世纪瑞士宗教改革家加尔文的神学学说，主张《圣经》是信仰的唯一根据和绝对权威，认为人们因信仰而得救，而不是靠行为获得造物主的赦免。

认为用普通哲学无法解释的圣餐变体论[①]，对我来说却很容易。但按照目前的形势条件，我并不需要立刻出版它们，至少在很长一段时间内是这样。我只努力完成职责范围内的一切，剩下的就交给掌管世界的上帝。因为，我知道，是祂给予我机会写下了你们所看到的这些随笔的开端。若祂的著作对宣扬上帝的荣耀有所帮助，我希望他能予我恩典，让我完成。若并非如此，我希望我亦能坦然放弃。

此外，我向您保证，这本书付印至今，我最大的收获就是您在信中给予的肯定。这对我来说

[①] 指进行圣餐礼时，被神父祝福过的无酵饼和葡萄酒会分别成为耶稣基督的身体和圣血。罗马教会就圣餐问题下达决议：基督的血肉"实在地并且实体地"存在于圣餐之中。也就是说，在圣餐礼的过程中，圣餐的实体奇迹般地转变为或者被替代为基督的血肉（身体），同时还保留着它的偶性（如颜色、气味、味道等）。

非常珍贵，且令人愉快，因为它来自于一个像您这样有功德的人，来自我有幸在年轻时接受教育的地方，来自于我的老师们居住的地方，我对他们永怀感激之心。

笛卡尔致梅森

1637年2月27日

　　我发现您对我的看法失之偏颇，您认为我的行为不坚定，认为我应该仔细考虑您让我改变计划的事，就好像我今天必须把它全部交给书商一样。当我看到您说我逼天下人杀我，好让人们早点看到我的作品时，我忍不住笑了。对此，我无话可说，只想说这些人已经处于一定的位置和条件下，而那些想要杀死我的人永远无法拥有这些。

　　非常感谢您在信中给我的反对意见，也请您

继续把您听到的所有意见寄给我，即使是那些对我来说最不利的意见。您这么做会带给我最大的喜悦，因为我从不在别人为我包扎"伤口"时抱怨，而那些愿意帮助和指导我的人也总会觉得我十分温顺。

我十分理解您对这本书标题的反对意见。我用《谈谈方法》(*Discours de la Méthode*)，而不是《论方法》(*Traité de la méthode*)，是因为这与前言或意见类似，我无意于通过这本书教授大家方法，只是在此谈一谈。因为，正如大家所见，这本书里的内容实践多于理论；介绍完这种方法之后的内容，我会将其称为"论著"，因为我想借此说明要发现这些论著中包含的内容是离不开这种方法的；同时，通过这些内容我们又可以看出这种方法的价值：就像我将形而上学、物理学和医学中的内容插入第一个章节，以示使用这种方法的普遍性。

再来谈一谈您的第二个反对意见，即我解释得不够细致。我知道灵魂是有别于肉体的实体，它的本性只是思考。在证明上帝存在的论证中，这也是唯一让其有模糊之处的地方。我承认您所写的内容是真的，而且它使我关于证明上帝存在的论证显得晦涩难懂。但除此之外，我不知道该如何更好地处理这个问题，只能充分解释存在于依靠感官或想象力而获得的判断中的虚假或不确定，以便之后指出哪些是仅依赖于纯粹理解力的判断，以及它们的确定性是如何显而易见。思考之后，我省略了一部分内容。这主要是因为我选择使用通俗的语言来写作这本书，生怕一些心智薄弱者，一开始热切地接受我的怀疑和顾虑，之后却无法以同样的方式理解我将其移除的原因。这就好像是我使他们误入歧途，却又无法将其带入正轨。大约八年前，我用拉丁文写了一部关于形而上学的小册子，其中有详细的推论。如果我们将眼下这本书翻译成拉丁文的版本，可以把这些推论一起放进去。但是，我确信，那些对我关于上帝存在的理由持保留意见的人，当他们越努力寻找其中的漏洞，就越能认可这个论证，我觉得这些比任何几何证明都要清楚明了。只有那些不知道"将思想与感觉分离"（我在书中 [1]38页提及这一点）的人才可能对此怀疑。

我十分感谢您为了印刷我的作品而付出的无尽努力，但如果需要一些费用，我会十分谨慎地

---

[1] 此处指《谈谈方法》一书。

不让除我以外的任何人承担，也会不遗余力地寄给您任何需要的东西。的确，我知道没有太大的必要。在我离开巴黎之前，甚至在我开始写作之前，就有书商给了我一份礼物——我只需给予他们我将要写的内容。所以我判断，可能会有一些书商疯狂到愿意自费印刷，也会有一些读者愿意买下它们。无论我做什么，我都不会像犯罪一样隐瞒，只是为了避免喧嚣，以守护我一直以来拥有的自由。这样一来，就算有人知道我的名字，我也不会那么害怕，但现在我很高兴它根本没有被提及，世人对此没有期待，而我将要做的绝对不会亚于人们本应有的期望。

笛卡尔致梅森

1639年10月16日

　　爱德华·赫伯特 ① 的《论真理》与我的想法有诸多区别。他探讨什么是真理，而对我而言，我从不怀疑真理，因为我觉得这是一个超然清晰又不可忽视的概念。事实上，我们有很多方法可以在做出评

---

① 英国哲学家、诗人、外交官，人称"自然神论之父"。1619 年—1624 年任英国驻法大使。赫伯特的主要著作是 1624 年出版的《论真理》一书，它围绕真理问题展开，涉及广泛的认识论问题，是一部系统的认识论著作。赫伯特因这部著作而被誉为"英国的第一位纯形而上学家"。

判前先进行检查，但如果我们不是天生就知道什么是真理，我们就没有任何办法去了解它。如果我们不知道它是真的，换句话说，如果我们不了解真理，我们为什么必须遵守这些东西并用之来教导我们呢？所以，我们可以向不懂该语言的人解释，并告诉他们"真理"这个词，就其本身意义而言，表示思想与对象的一致性。但是当它被归因于思想之外的事物时，它只表示这些东西可以作为真实思想的对象，无论是我们自己的，还是上帝的。但是，人们无法给出任何有助于了解其本质的逻辑定义。我相信其他一些事物也是如此，它们如此简单，自然而然就能被我们所认识，例如，图形、大小、运动、地点、时间等，以至于当人们想要给予其明确的定义时，我们只能将它们模糊化，也使自己混乱。因为，那些在房间走来走去的人更能理解运动为何物。

赫伯特将大家的一致认同视为其真理的标准，而对我来说，我的真理标准只有一条，那就是自然之光，在一些情况下这是完全适合的。因为自然之光对于大家来说都是一样的，每个人都拥有，这么说来似乎所有人对此应该都拥有同一种概念。但是，事实却截然不同。首先，几乎没有人能正确使用这种光，这就解释了为什么一些人（例如，我们认识的所有人）愿意接受同一个错误。又如，世上有那么多东西可以通过这种自然之光去认识，但还未有人对此有所思考。

赫伯特希望我们身上的能力和我们所能认识的多样性一样多，对此我只能理解为，蜡可以呈现出无限的形状，是因为它本身就有接受这些形状的无限能力。从某种意义上说这是正确的，但我不认为这种思考方式可以带给我们任何有用的东西。相反，在我看来，它可能会造成伤害，因为它可能会让无知的人想象我们灵魂中拥有如此多不同的小实体。这就是为什么我更愿意相信，蜡仅凭其灵活性就可以接受各种形状，而灵魂通过它所做的思考才能获得它所有的知识。

毫无疑问，正如赫伯特所说，我们也需要注意保证对象、环境或器官等方面没有任何遗漏，以免被感官所欺骗。

赫伯特希望我们首先遵循自然本能，他从中汲取了所有的共同点。而我则区分了两种不同的本能：一种是我们作为人而拥有的，是纯粹理智的，这就是自然之光或是来自心灵的直觉。这是我认为我们可以唯一信任的本能。另一种是我们作为动物而拥有的，即保护我们的身体、愉悦身体等自然冲动，而我们最不应该的就是总是遵循这种本能。

笛卡尔致雷内里和波罗

1638年4月或5月

可以肯定的是，动物和人类的很多行为很相似，这使我们从生命之初就有可能认为，支配它们行为的内在准则与我们人类的内在原则相似，也就是说，它们也是通过一个与我们一样有感情和激情的灵魂来支配行为。不管我们通过什么理由来否认它，我们都不会公开说明，以免让自己沦为孩子与弱者的笑柄。但是对于那些想知道真相的人来说，他们首先必须抛弃他们从小就被灌输的观点。

　　若想要知道大众对此的看法，在我看来，我们必须考虑某个独立的人会对此做出怎样的判断。这个人在一个只有人类，没有其他任何动物的地方生活。由于他致力于机械研究，他可能会制造或帮助他人制造几个自动机器，其中一些是人形的，也有像马、像狗，或是像鸟的，等等。它们走路，吃东西，呼吸，简而言之，尽可能模仿与它们相似的动物的所有其他动作，甚至灵活运用人类用来表达情感的符号，例如，挨打时大喊大叫，因周围突然的巨响而逃跑等，以至于他经常会发现自己无法辨别真正的人和那些人形机器人。但是，他的经验告诉他将其区分的途径确有两种。这两种途径我曾在《谈谈方法》的第五部分谈及过。首先，即使不是偶然，这些机器人也绝不会使用语言和其他符号来回答他们被问到的问题；另外，虽然他们做出的很多动作甚至比最聪明的人的动作更有规律、更精确，但他们仍然缺乏了一些东西。所以我认为，我们必须考虑这个人看到与人类一起生活的动物时会做出怎样的判断。这个人熟知上帝，或者至少他能注意到人们在他们作品中使用的技巧远不如大自然在植物身上表现出来的鬼斧神工。大自然用人类的肉眼无法察觉的无穷无尽的细小管道填充植物的身体，液体通过这些管道一点一点地上升，升至树梢后，它们混合，排列，最后消失。通过这样的方式，植物形成了叶片、花朵和果实。因此他坚信，如果上帝或大自然创造了一些模仿我们行为的机器人，那么它们会模仿得更完美，而且毫无疑问，会比人类发明的任何东西都更加精致。所以，当这个人看到与人类一起生活的动物时，他会在这些动物的行为中注意到使它们不同于我们人类行为的上述两点，而这两点，他在自己制造的自动机器中也曾多次注意到。由此，这个人便会得出结论，动物必然不会和人类一样有任何真实的感觉，或是任何真正的激情。他只会认为这些动物只不过是由大自然制造的自动机，只比他之前自己做过的任何一台自动机都来得精致完美。到这里，我们就只需要考虑如下问题，即他经过明知故问的方式所做出的判断，而且是在没有受到任何错误观念的影响下，是否比我们小时候所做出的判断更值得相信。我们只是因习惯而记住了小时候被灌输的判断。而这些判断只是基于动物的某些外部行为和人的行为之间存在的相似性而成立，这种相似性绝对不足以证明人和动物的内部行为也必然存在相似之处。

致勒内·笛卡尔的悼词（节选）

安托万·莱昂纳德·托马斯[①]

（该演讲于 1765 年获得法兰西学术院大奖）

当生于法国、死于瑞典的笛卡尔的骨灰在他死后 16 年从斯德哥尔摩运回巴黎时，当所有的学者聚集在一座寺庙里，向他的遗体授予他生前

[①] 安托万·莱昂纳德·托马斯（1732 —1785），法国诗人、文学评论家，也被评选为法兰西学术院院士。他以其出色的口才而闻名，尤其是对过去名人的悼词。

从未获得的荣誉时，当一位演说家准备在众人面前赞美这位天才时，一项禁止宣读葬礼悼词的命令从天而降，让人措手不及。毫无疑问，时人认为只有伟人才有资格获得公开的赞扬。他们担心这样的悼词会给这个国家树立一个危险的榜样，即表彰一个只有优点和声望的天才。一百年后，就由我来发表这篇悼词吧。愿它配得上致敬之人，也配得上能听到它的智者！也许在笛卡尔时代，我们由于离他太近，反而不能很好地赞美他。只有时间能像国王一样审判哲学家，并让他们获得自己应有的价值。

时间摧毁了笛卡尔的观点，但他的荣耀永存。他就像那些被废黜的国王，即使在帝国的废墟上，也让人觉得他们天生就是指挥者。只要哲学和真理还存在于世，我们就会尊重那些奠定我们知识基础，换句话说，重建人类理解力的人。笛卡尔会因我们的钦佩和感激而受到称赞。因为如果真理是种财富，那些追寻它的人就必须受到鼓励。

我们应该在牛顿雕像脚下发表笛卡尔的悼词，或者更确切地说，牛顿应该来赞美笛卡尔。谁能比他更有资格衡量在他之前的科学发展史呢？简单而伟大，牛顿大概会向这么我们揭示笛卡尔的思想给他带来的影响。有一些贫瘠的真理，就像已经死亡，在自然研究中毫无进展；而有一些伟人的错误，却在真理中结出硕果。在笛卡尔之后，或许有人比他走得更远，但正是因为他为后人扫清了道路。这就像我们赞美麦哲伦的环球航行，但我们也要公正地对待哥伦布，因为是他首先怀疑，进而寻找并发现了美洲新大陆。

也许在我们国家，有些人不能接受我对一位在世哲学家的赞美。但笛卡尔已经去世了，一百十五年来他已经不复存在。因此，我既不害怕伤害自尊，也不害怕激怒嫉妒。

要评判笛卡尔，要知道这个人的思想为整个人类的思想带来的贡献，就必须要了解他的出发点。因此，首先，我将描绘这位伟人出生时的哲学和科学状况，我将展示自然是如何培养他，并如何促成这场盛大的革命的。接着，我要说说他的想法。即使是他的错误，每一个都能让我受益匪浅。我们将会看到人类精神，就像被新的光芒击中而苏醒，并激动地追随它的脚步。哲学运动将从欧洲的一端传播到另一端。然而，这个运动的中心则是笛卡尔。

……

从亚里士多德所在的世纪到笛卡尔所在的世纪，我看到了两千多年的空白。 在此期间，人类最初的思想消失了，就像一条消逝在沙漠里的河流，直到千里之外，在崭新的天地间得以重现。什么！人的心灵也会睡眠和死亡，就像他的生命和活力一样？还是说，只有少数人才拥有独立思考的天赋？或者说，思想的结合由于受到自然的限制，很快就会枯竭？在人类精神的这种状态之下，一切都是麻木的。因而，我们需要一个人来重振人类，为他们的理解注入新的活力，恢复他们思考的天赋，区分已完成和未完成的事业，思考为什么这么多世纪以来人类的思想停滞不前；需要一个人有足够的勇气来推翻，有足够的才华来重建，有足够的智慧来奠定坚实的基础，有足够的能力可以打破过去几世纪的魅力转而炫耀属于他的世纪；需要一个人被自己的宏伟观点震惊；需要一个人能够收集有史以来科学所想象或发现的一切，并将所有这些分散的力量汇聚成一股力量，用以推动整个宇宙的发展；需要一个人拥有积极进取的精神，能看到别人未察觉之地，能指明方向、追踪路线，即使独自一人在没有向导的情况下也能穿越悬崖峭壁，带领人类一路向前。这个人一定是笛卡尔。

……

大自然创造了笛卡尔这个灵魂，并在不知不觉中将其安排到伟大的事业中，还在这灵魂深处放置了追求真理的强烈热情。随后，在笛卡尔的整个青春岁月里，他苦其心志，面对那些针对天才的折磨，那种来自尚未被填满的灵魂的空虚，他只能四处奔波以寻找可以用来弥补之物。所以，自然带他走遍了整个欧洲①，并迅速将最伟大的表演放在他的眼前。她向他展示了荷兰，这个民族打破了枷锁而获得了自由，狂热在这里萌发，宗教的纷争变成了国家派系；在德国，新教联盟和天主教联盟的冲突引发了持续三十年的战争；在波兰，这场可怕的战争影响深远；在法兰德斯，当十个富裕的省份仍然受制于西班牙时，七个贫穷的省份则为争取自由而奋战了五十年；在瑞士，这里充满了法律和礼仪，人民贫穷但不失自豪，因为他们拥有自由；在威尼斯，贵族的权力、人民的奴役和暴虐的自由融为一体；在佛罗伦萨，有美第奇家族，有艺术，还有伽利略；

① 1617 年，21 岁的笛卡尔第一次离开法国，他先去了荷兰，在那里待了两年，之后又前往了欧洲其他国家。西班牙和葡萄牙是仅有的笛卡尔没有旅行过的欧洲国家。

在罗马，所有民族因宗教而聚集在一起，这种景象就像是雕像和绘画相得益彰……将近二十年的旅行中，笛卡尔的灵魂不断上升、扩展。宗教、政治、自由、自然、道德，一切都有助于扩展他的思想。因为，如果我们认为哲学家的灵魂应该集中在某个特定对象上，那我们就错了。他必须拥抱一切，看到一切。所有的真理都有交汇点，普遍真理本身就像是连接在所有关系间的链条。他到处研究人和世界；他分析人的思想；他收集他们的意见，跟踪他们的进展和影响，并追溯他们的源头。对于哲学家来说，这简直就是奇观！笛卡尔对此深感震惊。他说，这就是人类的理性！从那一刻起，他感到整个知识大厦都在颤抖：他想把手放在上面，彻底推翻它；但他还没有积聚足够的力量，因此他停了下来。他继续观察；他研究物理性质。活物和静物，有机物和无机物，大小和形式的不同类别，破坏和更新，变化和关系，没有什么能逃过他的注视，就像没有什么可以让他感到惊讶一样。无论走到哪里，笛卡尔都渴望看到并了解万物，他始终质疑时下的真理。但是，如果他没有通过深刻的思考来消化它们，那么他在旅行中获得的这么多想法对他来说仍然毫无用处。可以说，沉思是一种对哲学家来说非常必要的艺术，对普通人来说并不熟悉，对整个人类来说或许亦是陌生。这些沉思，在笛卡尔那里，已经变成了一种习惯：在旅行中、在营地里、在最动荡的职业中，他总是为自己准备好一个"避难所"，在需要的时候，他的灵魂可以撤退回那里。沉思孕育了他的"想法"，而几何精神又对它们起了约束作用。他从小就沉迷于数学，因为数学是唯一向他提供证据的对象。正是在那里，他的灵魂得以解脱。但是，很快，他就对抽象的推测感到厌恶，他希望自己的研究能与人类相关，因而他转而研究自然。他研究所有的科学：他没有在其中找到几何学的确定性，但他至少把几何学的方法带到了那里。通过这种方法，他学会了分解他的研究对象，将结果与原则联系起来，学会了使用分析和综合进行论证。[①] 因此，几何精神加固了他研究的进程，但勇气和独立精神又打破了他面前的阻碍，为他扫清了道路。他天生就具有天才特有的胆大属性。毫无疑问，他亲眼所见的事件，以及他在德国、荷兰、匈牙利和波西

①笛卡尔认为证明的方式有两种，一种是分析法，一种是综合法。通过分析法，一件事物被有条不紊地发现，同时，分析法也指明结果如何取决于原因；综合法则相反，它是一条完全不同的道路，是从结果中来检查原因。

米亚所感受到的自由，都有助于进一步培养他这种与生俱来的自豪感。但是，在摧毁世界上所有的偏见之前，最有必要的是先摧毁自身的偏见。这该如何实现呢？那就需要摧毁他的灵魂并重塑它。如此多的困难并没有吓倒笛卡尔。我们看到他十年来一直在与自己做斗争，以摆脱他所有的观点。他要求他的感官对带入他灵魂的所有想法都能做出解释；他检查自己想象中的所有对象，并与真实对象进行了比较；他深入感知的内部；他遍历他的记忆库，并判断那里收集的所有内容。他追逐偏见，让它们节节败退。他曾经充满想法的理解力因此而变成了一片无垠的沙漠，但也正因为如此，真理才得以进入他的脑海。

这就是笛卡尔灵魂中的革命：他的旧观念被摧毁了，只是为了创造新的思想。因为，要改变一个国家，仅仅削弱是不够的，必须要重建。从这一刻起，笛卡尔的目标就是提出一种新的哲学。

朋友们的劝告，填补思想空白的愿望，我不知道是什么本能支配着这位伟人，但我想，最重要的应该是他希望在自然界中有所发现，能使人类不那么悲惨或者说更快乐。但是，为了实现这个计划，他觉得自己必须得躲起来。世界上的人们，为自己的礼貌和优越而自豪，但请允许我告诉你们真相：那些做大事或是想大事的人，永远不会出现在人群里。您擦亮了思想，却惹恼了天才。天才在孤独中保持他应有的样子。在那里，他聚集他灵魂的所有力量。孤独中的每时每刻都留下痕迹，每个瞬间都代表一个想法，时间属于智者，智者属于自己。在孤独中，灵魂拥有不受约束的活力。在那里，灵魂是自由的，就像那个愿意独自存在的人的思想一样。这种独立，是继真理之后，笛卡尔最大的热情。不要惊讶，追求真理和独立这两种激情相互依存。像他这样的人只能属于大自然和人类。他只同意做一个哲学家，一个天才，换句话说，在时人眼中，他什么都不是。他告别了他的父母、朋友和他的国家，他离开了。

自此之后，对真理的热爱不再是一种普通情怀，而是一种充斥着他灵魂的宗教情感。上帝、自然、人，这些将是他余生的全部，是他思考的对象。啊，人类精神史上非凡的时刻啊！ 我相信我看到了笛卡尔，带着对神性的尊重，进入圣殿跪拜。我想我听到他对上帝说：上帝啊，既然您创造了我，我不想在还没有来得及思考您伟大的作品的情况下死去。如果您真的在世上放置了真理，我一定会去追寻。我要做一个对人类有用的人，因为我是其中一分子。请您支持我的弱点，扩大我的精神，让它们配得上大自然和您。如果您允许我在人类的完美之上还能增添些什么，我会感谢您，并且永不后悔出生。

……

在动手建造建筑物之前，我们必须先打好地基，必须深入挖掘真理的源头，我们必须建立证据，并区分其性质。我们看到，笛卡尔已经推翻了他灵魂中所有的错误观点，但他做得更多，他建立了一种"普遍怀疑"①。错一次的人可能永远都会错。于是，刹那间，天地万物，形形色色，就连他的身躯和他周游各国凭借的感官，都在他

———————————————

① 怀疑主义是 17 世纪西欧思想界流行的一种普遍方法。笛卡尔哲学也是首先从对经院派哲学以及现存的一切知识体系的批判开始的。

的眼中消失了。没有什么是确定的，没有什么是存在的。在这种普遍怀疑下，支撑点在哪里？是否存在某个第一真理作为其他所有真理的基础？对上帝而言，这个第一真理无处不在。笛卡尔在他的怀疑中发现了这一点。因为我怀疑，所以我思考；因为我思考，所以我存在。但他凭什么能识得这个第一真理呢？凭着事物身上的显而易见的性质。因此，他确立了这样的原则，即只将显而易见的事物视为真实的事物。这就是笛卡尔著名的哲学怀疑论。这是他走出困境的第一步，也是他建立的第一条规则。正是这条规则引发了人类思维的革命。为了引导理解力，他将分析与怀疑结合起来。他建议把题目分解，分成几个分支；从最简单的对象开始，逐步研究最复杂的对象，从最明显的对象到最隐蔽的对象，逐步推进；用中立思想填充远距离想法之间的间隔；将这些想法按序排列，使所有想法都可以很容易地从另一个想法中推导出来，或者说，陈述它们即对它们的证明。这些是他制定的规则，且他一直以身作则地遵循着它们。

　　他创造了自己的方法。他像那些伟大的建筑师一样，设计新的作品，制造新的机器。在这种方法的帮助下，他迈进了形而上学。他先尝试着看了看。他看到了什么？人类幼稚但无畏的精神、想象的存在、深刻的幻想、野蛮的话语。因为，在任何时候，即使不懂，人类也能创造符号来表达尚未形成的想法，并把这些符号当作一种知识。笛卡尔一眼就看出形而上学一定是什么。上帝、灵魂和科学的一般原理，这些都是它的对象。笛卡尔确信自己的灵魂是存在的。他在自己身上感受到了一个人正在思考，也就是说，一个会怀疑、会否认、会肯定、会构想、会犯错、会反抗错误的人。这种智能般的存在也有缺陷。但任何不完美的想法都意味着有更完美的存在。而关于完美的想法又催生了关于无限的想法。但这个想法从何而来？人的能力如此有限，其一生都在一个狭窄的圈子里转转悠悠，人又如此软弱，他怎么能拥抱并构想无限呢？这个想法对他来说不陌生吗？难道它不假定在自身之外有一个知道它的模型和原理的存在吗？这个存在不就是神吗？人在自身中发现的所有其他清晰明确的观念只包含其对象的可能存在，只有完美存在的观念包含必然存在。这个想法构成了笛卡尔思想这一伟大链条的开端。

⋯⋯

我试图通过阅读笛卡尔所有的著作来追随他的思想，为此我几乎了解了这个非凡人物的所有想法。我们很容易理解他的哲学思路，也能从整体上去把握。我们看到了他的一系列行为：为了重建而推倒一切；奠定深厚的基础；辨认和确认事实；研究人的灵魂，进而研究上帝，以及上帝的受造物；将他所知道的一切原则都用于他从事的事业；简化这些原则以赋予它们更多的生命力和适用范围；将这些原则应用到星球理论、相对运动、地球现象、元素性质、光的影响和过程、无机体的构成，再到有机体的活动等中。他所有的研究都终止于人类，因为这正是他努力的对象和目标。他将他最先猜到的机械定律运用到万物中；他总是从原因推导出结果；他有时又将经验与思辨结合起来，但即便如此，也能以天才的方式掌握经验；他用几何学启迪物理学，用代数学启迪几何学，用逻辑学启迪代数学，用解剖学启迪医学，用力学启迪解剖学。即使他的错误也是崇高的、有条不紊的、有用且令人钦佩的，即使他并不强迫人们像他一样思考。

……

这就是笛卡尔的真正胜利，这就是他的伟大之处。尽管他已不在，但他的精神永存：他的不朽精神从一个国家传播到另一个国家，从一个世纪传播到另一个世纪；它呼吸于巴黎、伦敦、柏林、莱比锡、佛罗伦萨，进入彼得堡；有一天，它甚至会深入那些人类仍然一无所知的气候中；或许，它还将环绕宇宙。

……

天才的人们，无论您来自哪个国家，那都是

命运的安排。不幸、迫害、不公正、法庭的蔑视、人民的冷漠、来自对手或那些自以为是的人的诽谤、贫困、流放，这就是您所拥有的。难道要为此就放弃启迪世人吗？不，当然不会。当您想这么做的时候，您是否可以抵制这种猛烈而可怕的冲动？您不是生来就是为了思考，就像太阳，难道它自诞生就是为了传播它的光吗？所以，遵守支配您的法律，谨防认定自己不幸。真理的敌人是什么？只有真理是永恒的，其余的都是浮云。真理是对您的奖赏；它会滋养您的天分，支持您的劳动。成千上万的人，或疯狂，或冷漠，或野蛮，他们迫害您或鄙视您。但与此同时，从地球的一端到另一端，也有一些灵魂与您的交相呼应。想象一下，他们与您一起思考，一样受苦；想想两千多年前就去世的苏格拉底和柏拉图，他们是您的朋友；想想，在未来的几个世纪里，会有其他灵魂以同样的方式倾听您的声音，他们的想法就是您的想法。您与这些曾经或将来的伟人组成了一个家庭、一个民族。您的命运不存在于一个空间或一个时间点。您为所有国家和所有年代的人而活。您应该把您的思考放置得更高。难道您没有看到上帝与您灵魂之间的关系吗？在上帝面前，您就是真理之友。什么！上帝看到您，听到您，认可您，您会不快乐！如果您需要有人做见证，我仍然敢向您保证，这些见证不会像一个人短暂倏忽的生命那样脆弱、不确定，而是在数百年的岁月中普遍、持久。您会看到后代们前来，对你们说：擦干眼泪，我来为你们伸张正义，结束你们的痛苦——我为笛卡尔报复那些侮辱他的人；我从岩石和冰雪中将他的骨灰运到巴黎；我攻击那些诽谤他的人，我消灭那些滥用权力的人。我鄙视那些建在神庙中的陵墓，这些陵墓只供那些曾经有权有势的人使用；而我将奉盖住天才骨灰的粗糙石头为神圣。请记住，您的灵魂是不朽的，您的名字也是。光阴似箭，转瞬即逝，人生的梦想随之逝去。您等着，您会一直活下去；您会原谅您所在时代的不公正，原谅那些压迫者的残忍，原谅大自然选择由您来指导和启迪人类。